Les secrets de la casserole

Du même auteur aux Éditions Belin
Révélations gastronomiques, 1995.

© Éditions Belin 1993   ISBN 2-7011-**1585**-X

Les secrets de la casserole

Hervé This

BELIN

sommaire

LA CUISINE
ET LA
SCIENCE

Péchés véniels, péchés mortels

«Ajoutez la béchamel au fromage aux blancs d'œufs montés en neige sans les casser !» Une indication aussi vague, dans une recette de soufflé, inquiète souvent le cuisinier amateur : comment évitera-t-il de casser ses blancs laborieusement montés ? Dans l'ignorance, il procède à un mélange qui lui semble délicat, c'est-à-dire lent, en pratique : les blancs et la béchamel se mélangent mal, de sorte qu'il s'arrête avant d'avoir un mélange homogène ou qu'il remue tant les deux constituants que les blancs retombent ; dans les deux cas, l'effet est le même, le soufflé est raté.

A qui la faute ? Au livre de cuisine qui tient pour acquises des techniques simples, connues des professionnels mais insuffisamment propagées dans le public ? Au néophyte, qui se lance avec naïveté, voire prétention, dans une discipline qui n'est simple qu'en apparence ?

Les difficultés comme celles que l'on rencontre en préparant un soufflé ne compromettent pas l'accès au Royaume du goût, et même l'absence de pédagogie dans les livres de recettes n'est qu'un défaut véniel ; après une brève enquête, l'amateur finira bien par dénicher le document qui lui expliquera les techniques culinaires de base⋆ et, rasséréné, il en viendra à admettre – et même à souhaiter – que tous les livres ne répètent pas les mêmes conseils qui lui firent naguère défaut.

Plus graves, en revanche, me semblent les phrases lapidaires telles que : «Mélangez les jaunes d'œufs deux par deux à la béchamel au fromage ainsi préparée». Pourquoi deux par deux ? Et pourquoi pas six d'un coup si je suis pressé ? Cette fois, l'explication n'est nulle part ; seule l'expérience montre le bien-fondé de la remarque : quelques tentatives de violer la règle ramènent le cuisinier audacieux à la sagesse des Anciens, mais il reste intellectuellement frustré s'il est aussi curieux que gourmand.

Je veux, dans cet ouvrage, vous faire partager les explications que la science donne de ces préceptes empiriques transmis de chef en chef et de mère en fille. Bien compris, les petits conseils et les tours de mains indiqués, en passant, par les auteurs des livres de cuisine seront mieux respectés. Réalisées en connaissance de cause, des recettes réputées difficiles en raison de mille «riens fondamentaux» vous donneront des résultats que vous n'attendiez plus. Vous deviendrez capable d'adapter les recettes aux

---

⋆ Je vous recommande, par exemple, l'excellent ouvrage de Madame Saint-Ange (Éditions Larousse). Au chapitre des soufflés, l'auteur explique en détail que, pour mélanger une préparation plus dense que les blancs en neige à ces derniers, on dépose les blancs sur la préparation et, à l'aide d'une spatule plate, on fait comme si l'on coupait une tarte : on descend la spatule verticale, jusqu'au fond, puis on la tourne pour la faire passer sous la préparation, on soulève cette dernière au-dessus des blancs, et on répète l'opération un peu à côté.

ingrédients dont vous disposerez ; vous modifierez même, parfois, le tour de main proposé selon les ustensiles disponibles. Vous sentant à la hauteur, vous serez plus confiants, plus sereins et vous pourrez faire jouer à plein votre inventivité innée.

Le canard à la Brillat-Savarin

Pour vous mettre en appétit en vous donnant l'occasion de vérifier qu'une science infusée, à défaut d'être infuse, a son utilité en cuisine, je vous propose une recette qui pallie les insuffisances des micro-ondes : un canard express à l'orange.

Qui n'a sorti de son four à micro-ondes une viande insipide, grise, au goût monotone ? Devons-nous proscrire pour autant les micro-ondes pour la cuisson des viandes et les confiner au réchauffement des plats ? Ce serait dommage de nous priver de leurs avantages (une cuisson rapide et économique), mais nous devons apprendre les possibilités exactes de ce nouveau type de cuisson afin de ne pas lui demander plus qu'il ne peut donner : la plus belle fille du monde...

Le mystère de la cuisson par les micro-ondes n'est pas grand : les micro-ondes chauffent spécifiquement les parties des aliments contenant beaucoup d'eau. Autrement dit, quand on place sans précaution de la viande dans un four à micro-ondes, on n'obtient qu'une vaporisation de l'eau et une cuisson à la vapeur. Faire du bouilli avec du filet de bœuf ou du canard, c'est dommage !

Pourquoi les micro-ondes, ainsi utilisées, sont-elles déficientes ? Parce qu'elles font l'impasse sur l'une des deux fonctions fondamentales de la cuisine ; celle-ci, en effet, doit, certes, rendre assimilables des denrées dures, fibreuses ou indigestes ; mais elle doit également donner du goût aux aliments.

Si la grillade s'est imposée, c'est précisément parce qu'elle joue les deux rôles simultanément : dans du beurre chaud, d'une part, la surface de la viande durcit parce que le jus s'évapore et que les protéines de la viande coagulent ; d'autre part, les constituants de la viande réagissent chimiquement pour former des molécules aromatiques et colorées. Une croûte goûteuse se forme. A l'intérieur de la pièce, les molécules de collagène* qui rigidifient la viande sont dégradées : la viande s'attendrit. Pour peu que la viande soit saisie, c'est-à-dire cuite assez rapidement, le jus du

---

* Le collagène est la molécule qui structure la peau de notre visage, par exemple : les rides que nous valent les ans proviennent d'une modification progressive du collagène. Dans les muscles, le collagène forme des gaines autour des cellules, autour des groupes de cellules, et autour des muscles entiers.

cœur ne diffuse pas trop vers l'extérieur, et la viande conserve sa succulence et sa jutosité : sous la dent, le jus exprimé de la viande baignera la bouche d'une vague de sensations délicates.

Saluons au passage l'une des principales réactions chimiques de la cuisine, la réaction dite de Maillard, que nous aurons souvent l'occasion de retrouver dans cet ouvrage : sous l'action de la chaleur, les molécules de la même famille que notre sucre de table, que les biochimistes nomment glucides, et des acides aminés (les maillons de ces grosses molécules que sont les protéines) réagissent et engendrent des arômes variés. En cuisinant, prévoyons d'utiliser cette réaction quand nous n'ajoutons pas d'arômes à nos plats.

Pour réaliser un canard à l'orange digne de ce nom, il est clair que les micro-ondes seront insuffisantes ; comme elles chauffent surtout l'eau et n'élèvent pas la température à plus de 100 degrés (celle de l'ébullition de l'eau), elles favoriseront peu la réaction de Maillard. Dans le «Canard à la Brillat-Savarin», que je vous propose de réaliser, elles ne seront utilisées que pour chauffer à l'étouffée, après un rapide passage à la poêle.

Laissez encore de côté, pour quelques lignes, votre envie de découvrir la recette annoncée et permettez-moi de vous présenter brièvement celui à qui j'ai dédié ma recette, l'un des plus grands gastronomes de tous les temps, l'auteur d'un *Traité de la physiologie du goût* que tous les Gourmands★ devraient avoir lu.

Né d'une mère cordon-bleu nommée Aurore (d'où le nom de la sauce), Jean-Anthelme Brillat (1755-1826) hérita d'une de ses tantes nommée Savarin, à condition qu'il prenne son nom. Il eut une carrière agitée par la Révolution française, s'exila quelque temps aux États-Unis, revint en France où il fut nommé conseiller de la Cour de Cassation en 1800. Deux ans avant sa mort, il publia le livre qui le rendit célèbre et dont je tirerai, dans les pages qui suivent, de nombreux préceptes, citations, anecdotes...

La recette du canard, maintenant. Ayez des cuisses de canard que vous faites griller à feu vif dans du beurre, mais très peu de temps : juste ce qu'il faut pour qu'une belle croustillance dorée apparaisse. Ainsi grillée, la viande reste immangeable : la partie centrale n'est pas cuite, et l'on sait combien les cuisses de canard doivent l'être ! A l'aide d'un papier absorbant, retirez la graisse de la surface du canard et, à l'aide d'une seringue, injectez du Cointreau au cœur de la viande. Passez-la au four à

★ On fait souvent une hiérarchie entre les gourmands et les gourmets, ces derniers étant placés plus haut, dans une sphère où la qualité l'emporterait sur la quantité. C'est une erreur : le gourmand est celui qui aime la bonne chère, et le gourmet celui qui se délecte des vins. Ainsi les «gourmets-piqueurs» sont les professionnels chargés de reconnaître, pour le compte d'un négociant, les vins produits par les vignerons.

micro-ondes pendant quelques minutes, selon le nombre de morceaux et la puissance de l'appareil : les micro-ondes domestiques, qui sont absorbées surtout par les parties contenant du liquide, épargneront la surface, qui a un peu séché et n'a d'ailleurs plus besoin d'aucun traitement ; en revanche, elles cuiront le centre de la viande «à l'étouffée» dans une vapeur alcoolisée et aromatisée à l'orange (mon goût personnel me pousse en outre à piquer un clou de girofle dans les chairs, avant le passage aux micro-ondes).

Ne faites pas les frais d'une sauce : elle est déjà dans la viande. Ne flambez pas : l'alcool a déjà baigné les chairs. Regardez votre montre : vous verrez que la science ne vous a pas fait perdre de temps, au contraire. Elle a en outre rénové une recette ancienne en l'allégeant.

Horresco referens*

S'il explique quelques mystères de la cuisine, le livre que vous avez entre les mains laisse toutefois beaucoup de zones dans l'ombre : les aliments sont des mélanges complexes, que la chimie analyse difficilement. Par exemple, la réaction de Maillard s'exerce simultanément sur des centaines de composés ; les combinaisons sont innombrables, les produits formés le sont aussi ; or certaines molécules dont la concentration est minime dans les aliments jouent une brillante partie de soliste dans le grand concert des goûts.

Le monde naturel est si riche que la cuisine pourra toujours rester un art, où l'intuition fera des miracles : un végétal comme la sauge, par exemple, contient environ 500 composés aromatiques ; avant qu'on n'ait déterminé leur rôle aromatique exact, bien des roux cuiront dans les casseroles ! Et des calculs simples montrent que l'exploration des combinaisons d'aliments, de composés, de parfums ne sera jamais terminée.

La science serait-elle alors impuissante, passée le seuil de la cuisine ? Que nenni ! Elle donne des principes simples, qui s'appliquent à des classes d'aliments : elle explique bien des gestes. C'est ce qu'elle nous dit d'utile pour bien manger que nous découvrirons ici.

Nous ne nous intéresserons cependant pas à la composition des aliments : les livres de diététiques ennuient les Gourmands, car ils n'ont pas pour objectif immédiat le plaisir gustatif. Souvent les longues listes d'ingrédients, les tableaux de constituants alimentaires, en termes de lipides, de glucides, de protides, de sels minéraux sont inutilisables, car

---

* En latin, «Je frémis d'horreur en le racontant».

elles ne convergent pas vers la Question : comment les diverses opérations culinaires transforment-elles les denrées ? Comment ces opérations rendent-elles simultanément des denrées fibreuses ou indigestes non seulement assimilables, mais aussi parfumées, savoureuses, «goûteuses» ?

Dans un de ses chapitres, Brillat-Savarin écrit : «Ici j'avais l'intention de placer un petit traité de chimie alimentaire, et d'apprendre à mes lecteurs en combien de millièmes de carbone, d'hydrogène, etc., on pourrait réduire eux et les mets qui les nourrissent, mais j'ai été arrêté par la réflexion que je ne pouvais guère remplir cette tâche qu'en copiant ces excellents traités de chimie qui sont entre les mains de tout le monde». Cette raison est-elle vraiment celle qui arrêta le grand gastronome ? Ou a-t-il plutôt mis en application cette maxime qu'il donne dans son introduction : «Je n'ai fait qu'effleurer tous les sujets qui ont pu s'y prêter» ?

Les réactions dans les casseroles

Ayant considéré ce qui ne fera pas l'objet de ce livre, voyons-en le thème central : la science et la cuisine. Les cuisiniers sont rarement des hommes de science et, parfois, celle-ci les effraie. Pourtant la science a ceci de merveilleux que ses objets et ses lois sont simples : sauf à quelques explorateurs de la constitution de la matière, elle demande seulement d'admettre que notre univers est composé de molécules, elles-mêmes constituées d'atomes.

Cela, nous le savons depuis le Collège. Nous savons également que les atomes sont liés par des liaisons chimiques plus ou moins fortes selon les types d'atomes : entre les atomes d'une même molécule, ces forces sont généralement fortes, mais entre deux molécules voisines, elles sont faibles. Souvent quand on chauffe modérément un corps, on ne rompt que les forces s'exerçant entre les molécules voisines : de l'eau sous forme de glace, par exemple, est un empilement régulier de molécules d'eau :

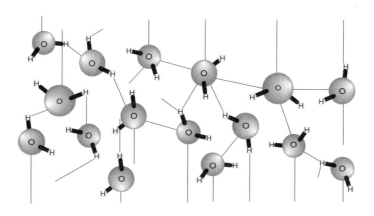

Quand on chauffe la glace, l'énergie que l'on apporte suffit pour rompre les liaisons entre les molécules d'eau et pour engendrer un liquide, où les molécules, bien que formant une masse cohérente, se déplacent les unes par rapport aux autres :

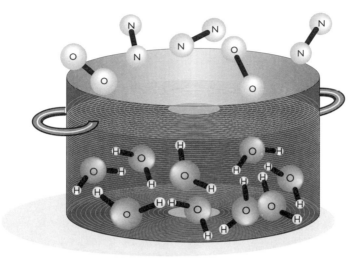

Toutefois, dans le liquide ainsi formé, les molécules ne se transforment pas : les molécules d'eau de l'eau liquide sont identiques aux molécules d'eau de la glace. Puis quand on chauffe au-dessus de 100 degrés, l'eau s'évapore : l'énergie apportée est suffisante pour vaincre les forces de cohésion entre les molécules d'eau.

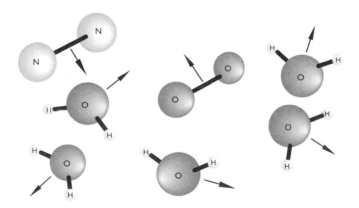

Cependant, là encore, dans chaque molécule, l'atome d'oxygène reste lié à deux atomes d'hydrogène. Ce type de transformation est de nature physique, et non chimique : la molécule d'eau reste une molécule d'eau.

Ce que le cuisinier ne doit toutefois pas négliger, c'est qu'il chauffe parfois tant les aliments qu'il peut aussi provoquer des réactions chimiques, c'est-à-dire dissocier les molécules, les réarranger, en créer de nouvelles : nous avons déjà évoqué la réaction de Maillard, mais ce n'est pas la seule. Les aliments sont des mélanges chimiques (mais qu'est-ce qui n'est pas un mélange chimique dans notre environnement ?) et les qualités que l'on cherche à modifier par la cuisson sont des manifestations des propriétés chimiques de ces mélanges : quand des composés aromatiques se forment à la surface d'un rôti, c'est le résultat d'une réaction chimique ; quand des champignons noircissent après avoir été coupés, c'est le fruit d'une réaction chimique (enzymatique, mais nous y reviendrons) ; quand du riz complet s'attendrit à la cuisson, c'est encore une réaction chimique.

Une réaction ? Plutôt un ensemble d'innombrables réactions, mais on simplifie l'analyse en utilisant la classification des biochimistes : glucides, lipides, protéines, eau, éléments minéraux. L'austérité de cette décomposition permet une compréhension globale des phénomènes. La chimie des aliments est encore dans l'enfance, et les chimistes peinent à découvrir quelques unes des réactions qui ont lieu dans les aliments. Ils n'ont encore entraperçu que la partie émergée de l'iceberg. Nous sommes bien ignorants de la chimie de la cuisine.

Universelle gastronomie

Il y eut pourtant des précurseurs fameux. Au milieu du 18e siècle, le Français Menon se référait à l'«art» de la cuisine, insistant sur la nécessité de l'expérience et de la théorie. En 1681, Denis Papin inventa la cocotte minute alors qu'il cherchait un moyen d'assouplir les os. L'Anglais Francis Bacon mourut pour la cuisine en voulant profiter d'une chute de neige pour étudier l'effet conservateur du froid : il s'arrêta dans une ferme, acheta un poulet et l'emplit de neige, mais il prit froid lors de l'expérience et mourut d'une bronchite quinze jours plus tard.

Brillat-Savarin avait fait un état des lieux, en son temps, et son admirable traité contient quelques erreurs que nous rectifierons à l'occasion, en saluant toujours le vieux Maître. Nous passerons rapidement, en revanche, sur les documents d'Édouard de Pomiane qui, dans les années 1930, avait cru inventer une nouvelle science qu'il avait nommée «gastrotechnie». Ce terme ne recouvrait rien d'autre que ce que Brillat-Savarin avait déjà envisagé sous le nom de gastronomie : «La gastronomie est la connaissance raisonnée de tout ce qui a rapport à l'Homme en tant qu'il se nourrit» (incidemment on ignore généralement que le mot «gastronomie» vient du titre d'un ouvrage grec, *Gastronomia*, écrit par un contemporain d'Aristote, Archestratus, qui avait fait une sorte de *Gault et Millau* de la Méditerranée antique ; le mot fut introduit en français en 1800 par Joseph Berchoux).

Aujourd'hui la science de la cuisine progresse grâce aux méthodes d'analyse, mises au point dans les dernières décennies, qui détectent la présence de composés en concentrations infimes mais au rôle aromatique prépondérant. Reste qu'il est paradoxal que nous connaissions mieux la température au centre des planètes et du Soleil qu'au cœur d'un soufflé, dit un des grands gastronomes moléculaires du siècle, Nicholas Kurti, physicien de l'Université d'Oxford et membre de la très ancienne et très respectable *Royal Society* de Londres (l'équivalent de notre Académie des sciences). Comment expliquer ce paradoxe ? J'aurais tendance à penser que nous craignons parfois que la chimie ne s'empare de la cuisine.

J'en tiens pour preuve une expérience réalisée entre amis, pour «améliorer» des vins. Le physico-chimiste Patrick Étiévant ayant découvert, à l'INRA de Dijon, que deux molécules importantes pour l'arôme des vieux Bourgogne étaient le paraéthylphénol et le paravinylphénol, j'avais acquis ces molécules auprès d'un détaillant de produits chimiques avec le projet de les ajouter à un vin sans qualité. La seule appréciation que j'eus de mes cobayes fut : «Ça sent le produit chimique». Remarque étonnante, car tout n'est-il pas chimique ? Nous, les mets que nous mangeons, les ustensiles où nous cuisinons ?

Allons, il est temps de découvrir la substantifique moelle de la cuisine en évitant les remarques telles que «C'est le méthylmercaptan qui parfume l'urine de ceux qui ont mangé des asperges». Ce qui nous fait reculer, c'est moins la trivialité du propos que son inutilité en cuisine : connaître la présence du méthylmercaptan dans les asperges n'aide pas à les cuire. De même, savoir que la partie externe des pommes de terre contient des alcaloïdes comme la solanine ou la chaconine permet seulement de mieux manger, pas de mieux cuisiner. Notre propos, dans ce livre, n'est que le second.

Examinons les tours de main éprouvés, rameutons les explications physico-chimiques, analysons, cherchons à comprendre sans croire toujours que la solution donnée est définitive. Excusez les insuffisances du guide si vous en dépistez, et aidez-le, par vos lettres, à améliorer la prochaine édition de son ouvrage. Ce faisant, vous aiderez tous les Gourmands, dont il est, naturellement. Pardonnez-lui, enfin, d'être parfois un peu docte : il sait bien, avec Brillat-Savarin que «parler sans prétention et écouter avec complaisance ; il n'en faut pas plus pour que le temps s'écoule avec douceur et rapidité».

Notre immense regret sera de ne pouvoir expliquer le génie des grands chefs, doués d'un sixième sens, qui est celui d'harmoniser les ingrédients, de faire des rapprochements inattendus et de créer des mélanges étonnamment heureux. Une escalope de veau où, en fin de cuisson, on ajoute un peu de vin blanc pour déglacer... et une goutte de pastis ? Le miracle s'accomplit : un goût superbe apparaît. Ce qui fait l'art du cuisinier, ce n'est pas de réussir un soufflé à chaque coup, mais de soupçonner que le Pastis fera merveille dans l'escalope. Le reste n'est que l'«entrée» en cuisine.

Cette entrée en cuisine, mystérieuse à beaucoup d'entre nous, est indispensable pour que nous nous livrions à la recherche de goûts et de parfums sans craindre que la béarnaise ne tourne ou que le soufflé ne nous lâche au dernier moment. Quand nous en serons maîtres, nous pourrons marcher sur les traces de nos Grands Aînés.

LA NOUVELLE
PHYSIOLOGIE
DU GOÛT

La préhistoire des goûts

Avant d'attaquer le plat de résistance – les modes de préparation – faisons un petit détour utile pour savoir comment nous mangeons, car nous cuisinerons mieux si nous savons distinguer les diverses sensations que suscitent les mets : goûts et saveurs, couleurs, arômes et parfums... Cet ordre sera celui de ce chapitre.

Aristote savait tout, mais que savait-il des goûts ? Faisons confiance à ce vieux philosophe : parcourant inlassablement le Lycée avec ses disciples, il s'ouvrait l'appétit... et disposait son esprit métaphysique à des méditations gourmandes : [il y a] «dans les saveurs comme dans les couleurs, d'une part les espèces simples qui sont aussi les contraires, savoir le doux et l'amer ; d'autre part, les espèces dérivées soit du premier comme l'onctueux, soit du second comme le salé ; enfin intermédiaire entre ces deux dernières saveurs, l'aigre, l'âpre, l'astringent et l'acide, à peu de choses près, telles paraissent être en effet les différentes saveurs».

Aristote n'est pas la seule autorité ayant prisé les sensations en bouche. Au 18ᵉ siècle, notamment, le grand Carl Linné exerça également ses talents sur les saveurs, mais, paradoxalement, le plus célèbre des systématiciens, le père de la classification botanique, manqua d'esprit systématique, puisqu'il mélangea l'humide, le sec, l'acide, l'amer, le gras, l'astringent, le sucré, l'aigre, le visqueux, le salé. Pêle mêle, il nous mit dans le même sac les saveurs et les impressions mécaniques !

C'est à un Français que revient le mérite d'avoir mis un peu d'ordre dans le paysage des impressions en bouche : le grand chimiste Chevreul, notamment célèbre pour ses travaux sur les graisses, distingue en 1824 les sensations olfactives, gustatives et tactiles : il reconnaît que la perception du chaud ou du froid est distincte de celle du sucré ou de l'amer ; il met à part les sensations tactiles du canal buccal, ainsi que les sensations proprioceptives (la «dureté»). Avec Chevreul, le goût des physiologistes – les saveurs – se sépare du goût «quotidien», qui confond toutes les sensations associées à l'absorption des aliments ou des boissons.

A la même époque, mais dans un autre cercle, celui des Gourmands réunis autour de Brillat-Savarin, la confusion ne règne plus qu'entre les saveurs et les arômes. On sait que la langue perçoit les saveurs, mais on croit que le nez en est aussi un récepteur. A quelques erreurs bénignes près, les propos exprimés dans le *Traité de la physiologie du goût* sont d'une perspicacité égale à l'amour que leur auteur portait à la cuisine : «Le nombre des saveurs est infini, car tout corps soluble a une saveur spéciale, qui ne ressemble entièrement à aucune autre [...]. Or, comme jusqu'ici ne s'est encore présentée aucune circonstance où quelque saveur ait dû être appréciée avec une exactitude rigoureuse, on a été forcé de s'en tenir à un petit nombre d'expressions générales, telles que doux, sucré, acide, acerbe, et autres pareilles, qui s'expriment, en dernière analyse, par les deux suivantes : agréable ou désagréables au goût».

En revanche, un peu plus loin, Brillat-Savarin ajoute que «tout corps sapide* est nécessairement odorant». Il avait oublié que certaines molécules très peu volatiles aux températures ambiantes, donc sans odeur, se lient toutefois efficacement aux récepteurs de la langue et du palais et ont ainsi une saveur : le sel, par exemple, est sapide mais inodore.

Des errances modernes et des révélations récentes

Ayant cherché à savoir comment nous goûtons les mets, les physiologistes ont d'abord découvert que ce sont les papilles, c'est-à-dire des groupes de cellules sensibles, qui assurent la détection des molécules sapides. Chez tous les mammifères, le goût est assuré par ces récepteurs, répartis dans la bouche, sur le voile du palais, sur l'épiglotte, dans le pharynx et, surtout, sur la langue. La nôtre porte environ 9000 papilles, groupées par 50 à 100, riches en terminaisons nerveuses. Le nombre des papilles semble diminuer avec l'âge, surtout après 45 ans.

D'autre part, les travaux anciens ont été réexplorés. Les alchimistes disaient du goût et de l'odorat : *Corpora non agunt nisi soluta* (les corps n'ont d'action qu'à l'état divisé). Ils pensaient en termes macroscopiques : la noix muscade n'a de goût que réduite en poudre. En termes microscopiques, la loi des alchimistes doit être précisée de la façon suivante : une molécule n'est sapide que si elle est volatile et soluble dans l'eau. Volatile, elle se dégage de l'aliment qui la contient ; soluble dans l'eau, elle diffuse à travers la salive jusque dans les «houppes nerveuses et sensitives» de Grimod de la Reynière**, les papilles.

L'huile de vaseline n'a pas de goût parce que ses composés ne se dissolvent pas dans la salive. Apparemment la sapidité résulte de l'établissement de liaisons entre les molécules sapides et les récepteurs des papilles : une molécule n'a du goût que si elle se lie à des récepteurs présents à la surface

---

* Sont sapides les aliments qui ont une saveur.

** Grimod de la Reynière, qui fonda la littérature gourmande, à la Révolution, était fils de fermier général. Il est surtout connu pour son *Almanach des gourmands*, où il propose notamment un tour de Paris à table, et par un *Manuel des amphitryons*, où il indique comment découper les viandes, comment composer un menu, comment se comporter en Amphitryon de classe ou en hôte poli, et plus généralement comment se tenir à table. Ses propos n'ont pas vieilli, et l'on déplore que ses œuvres ne soient plus rééditées.

des cellules gustatives de la bouche. Cette liaison s'effectue par un système clef-serrure : en raison d'une complémentarité de forme ou de charges électriques, la molécule sapide peut venir se lier à la molécule de récepteur spécifique et stimuler les nerfs qui indiquent au cerveau la perception d'un goût. La faiblesse de ces liaisons a l'avantage que nous puissions sentir des saveurs différentes à peu d'intervalles : un goût chasse l'autre.

On a également compris pourquoi nos Anciens avaient si difficilement distingué les saveurs, les arômes et les sensations proprioceptives : ces diverses perceptions sont assurées par des voies nerveuses qui se mélangent dès l'entrée dans le cerveau ; la perception d'un parfum peut modifier la sensation que nous avons de la perception d'une saveur, par exemple. La saveur d'un mets peut dépendre de sa température.

Pour étudier la perception des saveurs pures, les physiologistes sensoriels utilisent aujourd'hui des protocoles expérimentaux standardisés et des dispositifs qui soufflent doucement de l'air dans le nez des sujets testés : les arômes ne remontant plus par les ouvertures rétronasales (les communications entre la bouche et le nez), les sujets perçoivent la vraie saveur des aliments, la quintessence de la sapidité, en quelque sorte.

Malgré les résultats indubitables obtenus récemment, le public et même certains savants distingués croient encore que les saveurs sont au nombre de quatre seulement ! Cette erreur date de 1916, quand le chimiste M. Henning proposa sa «théorie de la localisation des récepteurs» : la bouche n'aurait perçu que quatre saveurs (le salé, l'acide, le sucré, l'amer), par des papilles spécialisées et confinées à certaines régions de la langue. Le goût sucré aurait été perçu par des papilles situées à la pointe de la langue, le goût amer par des papilles du fond de la langue, le goût salé par les bords antérieurs, et le goût acide par les bords postérieurs.

Les analyses physiologiques récentes ont révélé en quoi cette théorie «classique» est bien approximative. Tout d'abord, bien qu'ils soient plus nombreux sur les bords antérieurs de la langue, les récepteurs du salé, par exemple, sont présents partout dans la bouche et sur la langue ; de même, les récepteurs du sucré, de l'acide et de l'amer sont présents partout, bien qu'en proportions variables. De surcroît, la réglisse, par exemple, n'est ni sucrée, ni amère, ni salée, ni acide... Et les molécules servant de récepteurs gustatifs semblent bien plus variées qu'on ne le supposait, se liant faiblement à des molécules parfois très différentes les unes des autres.

Les études récentes n'ont pas remis en cause la réalité de la saveur salée, qui n'est effectivement due qu'aux ions sodium*, ni celle du goût acide, qui est dû aux ions hydrogène, mais elles ont montré l'immensité du

---

* Les ions sodium et hydrogène sont des atomes de sodium et d'hydrogène ayant perdu un électron. L'ion chlorure, partenaire de l'ion sodium dans le sel de table, agit principalement en stimulant les récepteurs.

paysage des goûts et confirmé les visions de Brillat-Savarin. Avec les protéines des aliments, le sel forme des constructions moléculaires, stables à froid mais détruites par la chaleur. Le sel ayant ainsi formé ce que les chimistes nomment un complexe ne peut stimuler les papilles : voilà pourquoi une partie du sel seulement donne le goût salé, à froid, et voilà pourquoi, à concentration égale en sel, les produits crus semblent moins salés que les produits cuits et chauds.

D'autre part, le gras semble souvent peu salé, parce qu'il dissout peu le sel et qu'il contient peu d'eau capable de le dissoudre. En revanche, il dissout bien de nombreuses molécules aromatiques : c'est surtout le gras de la viande qui donne à cette dernière son goût caractéristique. Faites l'expérience de cuire une pièce maigre de porc avec du gras d'agneau : ne dites rien à vos convives et demandez-leur ce qu'ils croient manger...

La réglisse, avec son acide glycyrrhizique, n'est pas la seule substance dont la saveur ne figure pas dans la liste consacrée par l'ignorance. Des physiologistes japonais ont démontré la nécessité d'ajouter également le goût *umami*, qui correspond à la saveur du glutamate et se retrouve avec tous les acides aminés (les molécules dont l'enchaînement forme les protéines). Alors quatre ou six saveurs ? Ni l'un ni l'autre : de nombreuses molécules comme la D-leucine, la quinine (le prototype de molécule amère), etc. ont des saveurs originales, irréductibles à des mélanges des autres saveurs.

Même le sucré est plus complexe qu'on ne l'imaginait naguère : les divers édulcorants modernes sucrent tous, mais ils n'ont pas tous la même saveur sucrée. Quant aux relations entre le sucré et l'amer, elles sont étonnantes : certaines molécules, comme le méthylmannopyranoside, ont selon les individus une saveur à la fois sucrée et amère, ou seulement sucrée, ou seulement amère. Pourquoi ? On l'ignore, mais des travaux scientifiques récents nous font entrevoir des phénomènes nouveaux.

Je vous propose un petit détour (encore un, mes chers «gastronomades») vers deux de ces études : celle des saveurs sucrées, et celle des étranges molécules en forme de *L* qui sont à la fois amères et sucrées.

Un progrès récent en chimie des édulcorants

Les études scientifiques des récepteurs gustatifs étant difficiles en raison de la faible affinité de ces récepteurs pour les molécules sapides, certains physiologistes analysent indirectement les phénomènes gustatifs en faisant goûter à des sujets diverses molécules sucrées, par exemple, tous les jours pendant plusieurs mois. Dans un laboratoire de Massy, plus de cent personnes ont ainsi testé une vingtaine de molécules sapides au moyen du dispositif à courant d'air dans le nez, évoqué précédemment.

Au début des années 1980, on a ainsi découvert que le seuil de détection du saccharose, c'est-à-dire la plus petite quantité de sucre de table perceptible dans une quantité fixée d'eau, varie selon les individus ; de même, les divers édulcorants sont perçus avec des seuils particuliers selon les personnes. Autrement dit, la quantité de sucre que nous mettons dans notre café dépend non seulement de la sensation que nous aimons avoir, mais aussi de notre sensibilité personnelle à la molécule sucrante. De surcroît, le seuil de sensibilité dépend des molécules sucrantes : certains individus sont plus sensibles au saccharose (le sucre de table), d'autres au glucose (le sucre du miel et du raisin).

Ce qui est fascinant, bien que peut-être pas étonnant, c'est que les seuils de détection évoluent par «apprentissage» : au fil des tests, ces seuils diminuent, c'est-à-dire que la sensibilité augmente. En outre, quand l'apprentissage pour une molécule est terminé, c'est-à-dire quand le seuil de détection ne varie plus, il continue avec les autres molécules. Quelle aubaine ! Ce type d'observation montre que, si nous le voulons, nous pouvons nous entraîner afin de devenir un fin palais.

Enfin des comparaisons de diverses molécules en différentes concentrations ont révélé une complexité supplémentaire du système gustatif : la saveur sucrée d'une molécule sucrante dépend de sa concentration. Voilà un effet dont nous devrons tenir compte, le jour où nous aurons atteint le stade ultime où nous maîtriserons la moindre variation de saveur dans les plats que nous préparons.

Quelle relation existe-t-il entre la structure et la saveur d'une molécule ? Les études indirectes de Massy ou d'ailleurs n'ont pas répondu à cette question d'intérêt gastronomique supérieur. Pourtant si l'on connaissait ces relations que les scientifiques nomment relations structure-activité, on pourrait synthétiser des molécules sur mesure aux goûts originaux !

En raison de l'immense marché des édulcorants synthétiques, ce sujet a surtout été abordé à propos des molécules sucrées, et des perspectives alléchantes sont apparues alors que Murray Goodman et ses collègues de l'Université de San Diego faisaient tester à des sujets des édulcorants de type peptidique (les peptides sont de petites molécules formées par l'enchaînement de quelques acides aminés). Ces molécules, comme de nombreux édulcorants artificiels, tel l'aspartame, contiennent deux cycles d'atomes, dont un seul peut se lier à des molécules d'eau, reliés entre eux par une courte chaîne d'atomes en forme de coude à angle droit. Les cycles sont quasi coplanaires, et la molécule complète forme comme un *L*.

En modifiant de telles molécules, de sorte que les deux cycles ne soient plus coplanaires, les chimistes de San Diego ont d'abord obtenu des molécules sans goût ; puis en plaçant une partie moléculaire flexible entre les cycles, ils ont créé des molécules où les cycles pouvaient tourner l'un par rapport à l'autre (dans un tel cas, les mouvements incessants des molécules font que les cycles tournent effectivement sans cesse, très rapidement, à une vitesse qui varie selon l'orientation relative des cycles).

La saveur de ces molécules est... imprévisible : certaines semblent d'abord amères, puis sucrées, tandis que d'autres sont d'abord sucrées, puis amères. Cette propriété étrange résulterait de ce que certaines molécules sont plus longtemps dans une conformation sucrée, et se lient d'abord aux récepteurs du sucré, tandis que les autres, plus longtemps dans une conformation amère, se lient davantage aux récepteurs de l'amer. A quand des chatoiements gustatifs qui feront également intervenir les autres saveurs ?

Dans l'aventure gustative, le mot de la fin n'est pas dit. Comme Brillat-Savarin le pressentait, les saveurs sont d'une étonnante complexité. Même si l'on ne répertorie pas les saveurs «clignotantes» du type précédent, les études semblent indiquer que l'espace des goûts possède dix dimensions. Autrement dit, les goûts seraient en nombre infini, et dix descripteurs au moins seraient nécessaires pour en parler. Avec seulement acide, amer, sucré, salé, nous sommes loin du compte.

Le goût s'émousse-t-il quand on mange ?

Perçoit-on moins bien le goût d'un plat ou d'une boisson après qu'on les a consommés en abondance ? La question méritait d'être étudiée, car Brillat-Savarin avait affirmé – avec autant d'autorité que de raison, pensons-nous – que «la rareté la plus savoureuse perd son influence quand elle n'est pas en proportion exubérante». Or quel serait l'intérêt de consommer d'un plat en abondance si la perception que nous en avons et le plaisir qu'il nous procure disparaissaient après quelques bouchées ?

Posons la question concrètement : le goût de la moutarde disparaît-il quand nous abusons du condiment ? Perdons-nous notre sensibilité au vin quand nous nous donnons le temps de le goûter et d'en rechercher tous les arômes ? Ou, au contraire, la pratique de la perception des goûts augmente-t-elle la sensibilité par un phénomène d'apprentissage ?

Clarifions-nous les idées en comprenant d'abord que le terme de «fatigue» a plusieurs acceptions. La première est une modification de l'état physiologique des muscles, qui n'a lieu que dans les cas très rares où nous mangeons des produits durs ou cassants. Une deuxième fatigue correspond à une incapacité progressive du système nerveux à analyser les signaux qui lui parviennent. C'est la fatigue mentale des tâches psychomotrices (par exemple, la saisie dactylographique) ou intellectuelles (cas des contrôleurs aériens). Si l'on admet que l'exercice de la perception gustative et olfactive est une reconnaissance de formes, comme la dactylographie ou le contrôle aérien, on peut supposer que cette fatigue puisse également intervenir lors de l'évaluation sensorielle des produits alimentaires.

Troisièmement on nomme également fatigue l'affaiblissement de l'intérêt que nous portons à ce que nous faisons, parce que notre activité est monotone ou parce que nous la jugeons trop difficile. Cette forme de fatigue devrait plutôt être nommée lassitude. Ce type de fatigue ne semble pas concerner les Gourmands : comment ces derniers se lasseraient-ils des bonnes choses ?

Enfin la fatigue peut être un affaiblissement d'une sensation en raison de l'exposition à un stimulus constant : nous ne sentons plus l'odeur de renfermé d'une pièce quelques minutes après y être entré. Ce phénomène est une «adaptation» inévitable, mais comme il intervient autant au début qu'à la fin d'une dégustation, il semble abusif de le considérer comme une véritable fatigue. De plus, il n'est pas certain qu'une adaptation aux stimuli n'augmente pas la qualité de la perception : les goûteurs de vin se rincent la bouche avec du vin (donc s'adaptent au vin) avant de commencer une séance d'évaluation, parce qu'ils se donnent une référence, de même que les musiciens s'accordent en début de concert. Ce phénomène est bien connu des physiologistes du goût, qui ont observé que le seuil de perception du saccharose (le sucre de table) dans l'eau est inférieur (on y est plus sensible) quand la bouche est rincée avec une solution de saccharose avant l'épreuve que lorsqu'elle n'est pas rincée ou rincée avec de l'eau pure.

Pour savoir le fin mot de l'affaire, sens émoussé ou pas, François Sauvageot et ses collègues de l'ENSBANA, à Dijon ont soumis des sujets à des tests d'évaluation sensorielle, où la difficulté de la tâche proposée à chaque sujet, à un instant donné, dépendait de la qualité de la réponse à l'instant précédent : quand un sujet donnait une réponse correcte, on compliquait l'épreuve qu'il devait accomplir ensuite ; quand il se trompait, on lui proposait une épreuve plus facile. Les épreuves ont duré quatre à cinq heures, avec une pause de 30 minutes en milieu de séance. En moyenne, les résultats de dégustation ne se sont pas détériorés au cours des séances ; le goût ne s'est pas émoussé. Bonne nouvelle pour les Gourmands, qui, à défaut de connaître le résultat de ces expériences, l'espéraient...

Des goûts et des couleurs

On dit parfois que les couleurs, sur une table, sont la moitié du repas. C'est sans doute exact : nous n'escomptons pas le même plaisir si nous entrons dans une salle brillant de bougies, de cristaux et d'argenterie, ou si nous sommes amenés à manger sur une nappe en toile cirée aux couleurs criardes. Manifestement les couleurs contribuent au plaisir de la table.

Déterminent-elles le goût des mets de la même façon que la température d'un aliment modifie sa saveur ? On répondra difficilement à cette question, car le plaisir de la bouche n'est jamais réductible à un seul facteur. La Gastronomie étant précisément l'art d'associer les plaisirs, on commettrait un grave contresens en isolant les seules couleurs pour en rechercher la puissance hédonique.

Concentrons-nous donc plutôt sur l'étrange relation qui semble s'instaurer entre la couleur d'un mets et la faim qu'elle engendre. Intuitivement les cuisiniers s'évertuent à conserver la couleur fraîche des légumes, un certain rose des viandes, le blanc des poissons... Les pâtissiers s'en donnent à cœur joie pour colorer leurs crèmes avec des couleurs engageantes.

Le célèbre livre de cuisine de Curnonsky*, présentait les accomplissements primés de pâtissiers qui utilisaient du bleu de méthylène pour colorer leurs gâteaux. La cuisinière se livre rarement à de telles colorations, mais elle sait qu'une viande grise ou un poireau jaunâtre sont peu engageants.

Dans son *Grand Dictionnaire de cuisine*, Alexandre Dumas cite quelques colorants «inoffensifs» qui peuvent aviver des plats :

bleu : indigo étendu d'eau

jaune : gomme-gutte ou safran

vert : jus cuit au feu, tamisé, étendu d'eau et sucré de feuilles d'épinards ou de blé vert pilés.

rouge : cochenille et alun en poudre bouillis dans de l'eau.

pourpre : pollen de fleurs de carottes sauvages séché et étendu d'eau, ou jus de sureau étendu d'eau.

violet : cochenille et bleu de Prusse.

orange : safran et cochenille.

Ces colorations sont-elles bien inoffensives ? Et surtout donnent-elles l'envie de manger ? L'anecdote suivante montre que Curnonsky avait touché juste, en rappelant que «les choses sont bonnes quand elles ont le goût [et la couleur, ajoutons-nous] de ce qu'elles sont» : dans un dîner désormais célèbre, l'Amphitryon avait voulu que tous les plats soient verts, de même que tous les objets de la table et de la salle à manger : nappe, serviettes, couverts... Les convives eurent bien du mal à avaler quelques bouchées, et certains partirent même en laissant à leurs hôtes le peu qu'ils

---

* Le prince des gastronomes, Maurice Edmond Sailland (Angers 1872- Paris 1956) était écrivain et journaliste ; son nom de plume lui fut suggéré par Alphonse Allais, qui, l'heure étant à l'amitié francorusse, lui avait proposé «pourquoi pas sky», ce qui devint, en latin, «cur non sky».

avaient consommé ! Plus récemment, des jurys de dégustation, bien que compétents, ont pris pour du jus de myrtilles un jus d'orange qui avait été coloré en bleu. Ne forçons pas la nature, mais suppléons-la quand nous l'avons dégradée : nous pouvons certainement redonner des couleurs à des légumes défraîchis, mais pourquoi ne pas utiliser des légumes bien frais ou bien cuits ?

Comment éviter un brunissement indésirable ?

Servis sans précaution, des champignons qui ont été émincés trop tôt avant le repas font peu d'honneur à la table : ils sont noircis, en deuil de fraîcheur. De même, qui voudrait manger ces bananes, ces abricots, ces cerises, ces pommes de terre, ces pommes, ces pêches ou ces avocats qui ont été coupés trop tôt, puis laissés à l'air ?

C'est que tous ces fruits ou légumes contiennent des molécules actives, les enzymes, qui oxydent les composés phénoliques* des fruits et légumes en polymères bruns ou gris. Quand on coupe un fruit ou un légume, on rompt les cellules du bord de la coupure, ce qui déverse les enzymes noircissantes à la surface coupée. En présence de l'oxygène de l'air, ces enzymes font leur œuvre regrettable.

Comment éviter le brunissement ? En inhibant ou en détruisant les enzymes libérées. Avez-vous remarqué que les citrons, les melons et les tomates échappent à la loi sévère du brunissement ? C'est parce que leur acidité naturelle bloque les enzymes. De même, le vinaigre, encore plus acide, préserve les cornichons, les câpres, les pickles ou les cristes-marines.

Le refroidissement et la cuisson ont le même effet. Par le refroidissement, l'oxydation est ralentie (un refroidissement de dix degrés divise par deux la vitesse d'action des enzymes) ; et la cuisson «dénature» les enzymes : celles-ci sont des protéines, c'est-à-dire de longues molécules linéaires repliées de façon spécifique sur elles-mêmes par des liaisons chimiques faibles. Ce repliement leur donne leurs propriétés fonctionnelles, mais la chaleur, en rompant les liaisons faibles, supprime ces activités. Les pelotes moléculaires sont inactivées.

Le sel, aussi, bloque les enzymes : celui qu'on met souvent dans les condiments favorise la conservation. La vitamine C, enfin, ralentit le travail des enzymes : dans son ouvrage intitulé *On food and cooking* (Edi-

* Le phénol est une molécule formée de six atomes de carbone (C) en cycle hexagonal, liés tous sauf un à un atome d'hydrogène (H) ; le dernier atome de carbone est lié à un groupe alcool, c'est-à-dire un atome d'oxygène (O), lui-même lié à un atome d'hydrogène (H).

tions Scribner and Sons), Harold Mc Gee rapporte qu'elle fut d'ailleurs isolée grâce à cette particularité. Vers 1925, le biochimiste hongrois Albert Szent-Györgyi s'intéressa à la chimie des végétaux parce qu'il avait observé une ressemblance entre le brunissement des fruits endommagés et une maladie des glandes surrénales chez l'homme. Il analysa les végétaux qui ne brunissent pas et remarqua que leur jus ralentissait le brunissement des autres végétaux. Purifiant la substance active, il découvrit que celle-ci était un acide, qu'il nomma acide ignosique. C'est la vitamine C, composé indispensable à la vie.

Du homard dans le saumon ?

Le chapitre des couleurs de table est infini. Nous le clorons ici avec une curiosité : pourquoi le crabe, la crevette, la langouste ou le homard rougissent-ils quand on les ébouillante ?

Le mystère n'est pas grand : la carapace de ces crustacés contient une molécule à quatre atomes d'oxygène, l'astraxanthine $C_{40}H_{52}O_4$, dont la couleur n'apparaît pas dans les animaux vivants, car la molécule est liée à une protéine et forme ainsi un complexe noir. A la cuisson des bestioles marines, le complexe se dissocie (comme dans le cas des enzymes, les liaisons chimiques faibles sont rompues) et la couleur rouge de l'astraxanthine se manifeste. Dans le saumon, l'astraxanthine est naturellement présente sous forme dissociée : d'où la couleur rose si plaisante.

Parfums et arômes

Bien pitoyable celui qui percevrait les saveurs et les couleurs, mais pas les arômes ! Car nous goûtons surtout avec le nez. On dit d'un gourmand qu'il est un fin palais, mais on devrait dire, comme en parfumerie, qu'il est un grand nez (ou peut-être un Cyrano ?).

Comment le cuisinier peut-il jouer des arômes ? Bien que le jargon des cuisines nomme piano le fourneau sur lequel œuvre le chef, ce dernier est plus un organiste qu'un pianiste : il doit jouer plusieurs registres à la fois, et chaque registre doit produire son harmonie propre, qui s'harmonise à l'harmonie des autres registres. Je n'ai pas la prétention de donner en quelques lignes les recettes de la virtuosité, mais seulement de laisser entrevoir des pistes que nous pourrons emprunter pour mieux cuisiner.

Le jeu des arômes et des odeurs n'est pas le plus facile à exécuter, mais c'est celui que l'on perçoit en premier, avec les couleurs, et peut-être encore avec plus d'intensité. Les convives ne sont pas encore à table que déjà leurs propres parfums se sont mêlés à ceux de la cheminée, des bougies qui dispensent leur lueur chaude et vacillante. La porte de la salle à manger s'ouvre, le plat arrive, on le découvre et les parfums jaillissent. Comment réussir ce grand moment ?

Comment utiliser les arômes ?

Avec précaution ! Les molécules odorantes sont généralement des molécules organiques volatiles et fragiles : un coup de chauffe trop appuyé, et les arômes savamment réunis quittent le plat ou sont dégradés en molécules éventuellement âcres ou amères. La règle serait donc de limiter les températures, ou de planifier l'ajout ou la création des arômes en fin de cuisson. Le poivre, par exemple, ne doit pas cuire trop longtemps sous peine de devenir âcre ; le persil aussi doit plutôt venir en fin de cuisson.

Alors, comment utiliser les arômes ? Avec précaution, vous ai-je dit. Tels les principes actifs des médicaments, ces molécules ont une telle force que la dose «prescrite» ne doit en aucun cas être dépasssée : la poudre obtenue par broyage d'une noix muscade entière contient assez de molécules toxiques pour tuer le plus robuste d'entre nous ; en concentration supérieure à quatre parties par million, le paraéthylphénol ne donne plus aux vins de Bourgogne leur arôme de vieux cuir, mais une odeur déplaisante de «produit chimique».

Comment utiliser les arômes ? Avec précaution, mais aussi avec discernement : il faut savoir que les arômes, généralement organiques, sont des molécules qui se dissolvent bien dans les solvants organiques, mais parfois mal dans l'eau. Dans la viande, par exemple, nous avons vu que c'est surtout la graisse qui contient les arômes, parce que la chair est toute eau, alors que la graisse est toute organique.

Expliquons-nous : les molécules se dissolvent dans un milieu parce qu'elles établissent avec les molécules de ce milieu des liaisons chimiques dites «faibles». Ces liaisons sont environ de la même force que celles qui lient les molécules d'un liquide entre elles et les empêchent de se volatiliser trop vite à la température ambiante, comme leur agitation naturelle les y pousse. Elles sont bien inférieures à celles qui rendent solide le sel de cuisine, composé d'un réseau régulier où les atomes de sodium Na alternent avec les atomes de chlore Cl.

Dans le sel, les atomes de sodium ont cédé un de leurs électrons aux atomes de chlore ; les charges électriques de signe opposé s'attirant, les atomes de chlore et de sodium sont fortement liés, et forment un solide. Dans l'eau, en revanche, les molécules d'eau, composées d'un atome d'oxygène O et de deux atomes d'hydrogène H forment des édifices qui ne cherchent pas à échanger des électrons ; les liaisons chimiques sont à l'intérieur des molécules d'eau, mais pas entre les molécules :

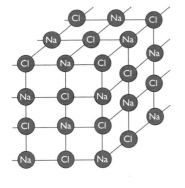

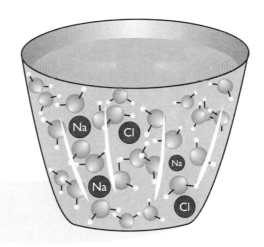

Pourquoi les molécules d'eau s'associent-elles alors en un liquide (l'eau) qui ne bout qu'à assez haute température ? Parce que les atomes d'oxygène sont friands d'électrons : ils en mettent en commun avec les atomes d'hydrogène, pour établir la molécule, mais ils «tirent la couverture à eux». Au total, la molécule d'eau possède un léger déséquilibre électronique du côté de l'oxygène ; les charges négatives de l'oxygène d'une molécule attirent les charges positives d'un atome d'hydrogène d'une autre molécule d'eau, ce qui lie les molécules entre elles. Cette liaison moins forte qu'une liaison chimique intramoléculaire est nommée liaison hydrogène.

Et nos arômes, dans tout cela ? Eh bien, ce sont souvent des molécules de constitution électronique équilibrée, sans beaucoup d'atomes avides d'électrons. Ainsi beaucoup de molécules à odeur de menthe ou de résine sont des terpènes, c'est à dire des édifices moléculaires composés par l'assemblage de plusieurs motifs isoprène (c'est-à-dire un groupe chimique à cinq atomes de carbone en forme de Y, avec trois atomes de carbone sur la tige centrale, et un atome de carbone à l'extrémité de chaque fourche). Ce motif n'établit pas de liaison hydrogène, et les terpènes, également, sont peu solubles dans l'eau, parce qu'ils n'établissent pas de liaison hydrogène. Mieux encore, ils en sont exclus, de même que la graisse n'est pas miscible dans l'eau, car qui se ressemble s'assemble : l'eau se regroupe avec l'eau, et exclut les molécules qui n'ont pas en commun avec elle la possibilité d'établir une liaison hydrogène (l'alcool éthylique, au contraire, comporte un atome d'oxygène qui permet l'établissement de liaison hydrogène : l'alcool est soluble dans l'eau).

Bref, les arômes terpéniques ne se dissolvent que très peu dans la chair, qui est un milieu surtout aqueux (les cellules de la chair sont pleines d'eau) ; ils se répartissent surtout dans la graisse. Nous l'avons signalé, mais le précepte est si important que nous n'hésitons pas à nous répéter : la graisse type la viande qu'elle accompagne ; c'est par la graisse que le mouton a son goût et son odeur de mouton, par sa graisse que le bœuf a son goût et son odeur de bœuf. A tel point que l'on peut, en faisant cuire du filet de bœuf maigre dans de la graisse de canard, cuisiner une sorte de chimère culinaire, croisement de bœuf et de canard... Voilà aussi l'explication du dicton ancestral : «Le gras, c'est bon». Et pour cause ! C'est lui qui donne le goût des aliments sans fard. Ce que nous avons vu pour les terpènes, les molécules de la sensualité, largement utilisées par l'industrie du parfum, est également vrai pour les alcanes et les alcènes, deux classes de molécules ne comportant que des atomes de carbone et d'hydrogène, et qui font souvent des notes fruitées, mais aussi pour de nombreuses molécules organiques, celles que les plantes et les animaux accumulent et synthétisent. Le cuisinier se doit de les respecter, de les ménager, et de bien penser à la phase – graisse ou eau – où elles se répartiront préférentiellement.

Ce préalable explique l'intérêt de la cuisson en papillotes ou à l'étouffée : la température ne dépasse pas celle d'ébullition de l'eau, de sorte que les arômes ne sont pas dégradés ; en outre, ils sont piégés et recyclés dans l'aliment dont ils auraient tendance à s'échapper. Voici aussi pourquoi la nouvelle technique de cuisson sous vide à basse température est un don béni aux Gourmands : les aliments, après un rapide rôtissage et une injection d'aromates, sont emballés dans un sachet plastique dont on aspire l'air. Puis la cuisson a lieu vers 65 degrés seulement : les protéines coagulent, ce qui est le propre de toute cuisson, mais ne perdent pas leur eau d'hydratation : le jus reste dans l'aliment, qui conserve ainsi sa succulence. En prime, les arômes restent dans l'aliment, parce qu'ils ne sont pas expulsés par la chaleur. Fondantes et parfumées, les viandes cuites par cette technique sont des morceaux dont l'évocation seule me met l'eau à la bouche...

Un mot, enfin, sur ces arômes qui s'échappent lors de la cuisson : ouvrez la porte de la cuisine lorsque la cuisinière officie et le plat vous vient aux narines. Un plat différent de celui qui sera servi, pourtant, car les molécules organiques chauffées tendent à réagir avec l'oxygène de l'air : celui-ci est très agressif ; n'oxyde-t-il pas aussi le fer ? Bref ce n'est plus l'arôme naturel que l'on perçoit, mais un mélange complexe de molécules plus ou moins dérivées de lui. Voilà pourquoi il est souvent préférable de cuisiner porte close : à la surprise que vous réserverez à vos convives, vous ajouterez le confort de ne pas leur faire sentir des «déchets aromatiques» de la préparation.

Épice ou aromate ?

Épice ou aromate, le safran ? Il est odorant, mais pas piquant ; il sert à développer la fragrance d'un mets (du latin *fragrare*, sentir) en apportant des arômes, c'est un aromate. Épice ou aromate, le poivre ? Il excite la saveur, mais n'a que peu d'odeur ; c'est une épice.

Les épices apportent une pointe de malice dans les plats ; les aromates ont pour but de raviver des souvenirs, telle la célèbre madeleine de Proust, qui lui fit un jour revivre son enfance chez sa grand-mère maternelle (les parfums sont traités, comme tous les signaux olfactifs, par le système limbique du cerveau, qui gère également les souvenirs et les émotions).

Distinguer les épices des aromates est un exercice auquel tout cuisinier doit se livrer pour maîtriser son Art. Ce n'est pas un exercice facile : l'ail, par exemple, est piquant et odorant ; il sert à exciter la saveur et à développer la fragrance ; c'est à la fois une épice et un aromate.

Voulez-vous jouer à classer les accessoires aromatiques de la cuisine ? A vous de répondre à la question «épice ou aromate ?» pour : la cannelle, le sésame, le cresson, le radis, l'anis, l'aneth, la coriandre, le cumin, le fenouil, le thym, le basilic, la sauge, le romarin, la menthe, la marjolaine, le sénevé, l'oignon, le persil, le lupin, la cardamome, l'origan, le laurier, la ciboule, la ciboulette, l'absinthe, le poireau, le piment, la moutarde, le carvi, le céleri, le sucre, le miel, le vinaigre, la sariette, le genièvre, le gingembre, le girofle, les câpres, les olives, le cerfeuil, la pimprenelle, la muscade, l'oseille, l'estragon, la myrte, le raifort, l'ache, la nigelle, le pourpier, le nard, la rue, la maniguette, le garum, la livèche, la badiane, l'impératorre, l'hysope, le macis, le pouliot...

Pourquoi la croûte du pain a-t-elle plus de goût que la mie ?

Pourquoi la croûte du pain a-t-elle plus de goût que la mie ? Pourquoi faut-il saisir les viandes dans du beurre lorsque l'on prépare un fond, pour une sauce espagnole, par exemple ? Pourquoi doit-on caresser d'huile un gigot avant de l'enfourner ? Pourquoi la bière est-elle dorée ? Pourquoi le café et le chocolat que l'on torréfie sentent-ils si bon ?

Les questions de ce type sont innombrables, en cuisine, mais la réponse à beaucoup pourrait être, laconiquement : «la réaction de Maillard». C'est cette réaction chimique, en effet, qui engendre les composés bruns, aromatiques et sapides, de la cuisson.

Réaction universelle que cette fameuse réaction de Maillard souvent invoquée, mais encore mal connue. Son principe est pourtant simple : dès que des molécules contenant un groupe chimique amine NH_2 (un atome d'azote lié à deux atomes d'hydrogène), tels les acides aminés de toutes les protéines, sont chauffées en présence de sucre, une molécule d'eau est éliminée et les deux réactifs sont liés en une «base de Schiff» ; ne nous attardons pas sur ce composé, puisqu'il est plus ou moins rapidement remplacé par un produit d'Amadori, qui réagira avec d'autres composés pour former des molécules cycliques, «aromatiques» :

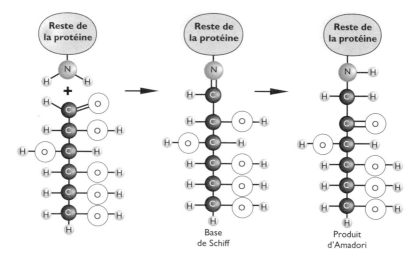

Or ces cycles aromatiques, comme leur nom l'indique, confèrent des propriétés aromatiques aux composés qui les contiennent ; certains ont en outre une couleur soutenue.

Les produits de la réaction de Maillard sont innombrables et encore insuffisamment connus. En 1990, une revue célèbre de chimie a consacré un article de synthèse de plus de 20 pages à la réaction de Maillard, décrivant de nombreux arômes formés. Le brun que le cuisinier recherche en faisant sauter ses morceaux dans un corps gras est ainsi une couleur produite par la réaction de Maillard : aux hautes températures atteintes par le corps gras, la réaction a lieu, tandis qu'elle s'effectue peu quand on fait bouillir les aliments, la température étant alors limitée à la température d'ébullition de l'eau : 100 degrés.

Comment améliorer notre cuisine maintenant que nous connaissons la puissance de la réaction de Maillard ? En l'utilisant ! Recherchons, lors des cuissons, les associations sucres-protéines : pensons au canard laqué. Chauffons vivement d'abord, pour que la réaction de Maillard ait lieu, puis plus prudemment ensuite, de façon que la cuisson proprement dite s'effectue sans que les composés volatils ne soient éliminés. Veut-on cuire de la viande au four à micro-ondes ? N'oublions pas de faire revenir la viande avant la cuisson, et huilons ou beurrons les surfaces à chauffer de sorte que la chaleur leur soit transmise efficacement, comme nous le reverrons au chapitre de la cuisson *(voir la page 64).*

Et quelques curiosités...

Ne quittons pas ce royaume des parfums sans découvrir quelques curiosités étonnantes, voire révélatrices.

L'odeur des oranges, tout d'abord, est principalement due à un terpène, le limonène, qui est une molécule symétrique dans un miroir de la molécule qui contribue à l'odeur du citron. L'acidité commune à ces deux fruits est due à l'acide citrique (désigné par *E 330* sur les conditionnements alimentaires), et leur couleur orange provient notamment du carotène, qui donne leur couleur aux carottes. Or ce carotène est également présent dans l'herbe ; quand on coupe de l'herbe et qu'elle sèche au soleil, les molécules de carotène sont décomposées en molécule d'ionone, à l'odeur de foin ($C_{13}H_{20}O$), un composant de l'huile essentielle de violette.

Moralité : les goûts et les parfums, qui interagissent quand nous dégustons un mets, résultent de la coexistence complexe et dynamique de molécules sapides et de molécules colorées, qu'il est bien difficile de classer et de maîtriser. C'est l'Art du cuisinier que de reconnaître les bons produits et de les harmoniser. Pensez à l'orgue...

LA
SOUPE

Pourquoi la soupe refroidit-elle quand on souffle dessus ?

Vous qui aimez manger, vous savez pourquoi la cuisine suscite l'enthousiasme. Savez-vous pourquoi la Science a également des adeptes ? Parce qu'elle est la clef d'un monde insoupçonné, parallèle à celui que nous voyons tous, mais si différent ! Certains, qui passent pour de doux rêveurs auprès de leurs amis proches des Affaires, y sont égarés.

De quoi ce monde est-il fait ? D'atomes, de molécules, en mouvements incessants. A quoi ces molécules ressemblent-elles ? Tout dépend de celui qui les imagine et du cadre où il les fait intervenir. Aux yeux des chimistes, ce sont souvent des assemblages de sphères colorées qui se défont ou se font dans les fioles, les béchers, les éprouvettes... ou les marmites. Pour les physiciens, ce sont parfois des sphères dures et compactes qui rebondissent les unes contre les autres à la manière de boules de billard, parfois de petits systèmes solaires qui s'attirent tels des aimants, parfois encore des rides analogues à celles qui se propagent à la surface d'un étang...

Et la soupe, assemblage de molécules, comme toute la matière de l'Univers, quelle image pouvons-nous en avoir ? Le Gourmand, mine rieuse mais attentive aux sensations qu'il s'apprête à découvrir, y voit un monde d'arômes, la certitude d'une soif apaisée. Nous l'invitons à nous suivre vers le monde moléculaire pour y découvrir une autre facette de ce qui fit l'objet de tout un livre par un grand cuisinier comme Antonin Carême.

La soupe que nous allons explorer est une soupe bien chaude, au-dessus de laquelle des volutes de vapeurs aromatiques s'élèvent lentement. Pour le physicien, la soupe se comporte comme de l'eau. Voilà qui simplifie le problème. Le tableau est le suivant : de l'eau liquide dans la soupière ; de l'air, au-dessus ; et de la vapeur qui s'élève dans l'air. La vapeur, commençons par elle, est composée d'eau qui est devenue gazeuse : chauffées, les molécules d'eau sont devenues si rapides qu'elles ont vaincu les forces qui les retenaient dans le liquide et qu'elles sont passées dans l'air, auquel elles se mélangent progressivement. Chaude, donc plus légère que l'air, la chaleur s'élève à la façon d'un morceau de bois lâché du fond d'un bassin ou bien d'une montgolfière, puisque le phénomène est le même.

L'eau de la soupe, d'autre part, est composée d'innombrables molécules qui bougent à des vitesses différentes, mais n'ont généralement pas assez d'énergie pour quitter le liquide. Certaines, très rapides, s'en échappent, mais en heurtant l'air qui surmonte la soupe, elles sont renvoyées vers le liquide. D'autres, plus lentes, ne font que se déplacer dans le liquide, en zig-zag, au hasard des collisions avec les molécules voisines.

Dans l'air, les molécules d'azote, d'oxygène et de divers autres éléments chimiques bougent également et, parfois, viennent heurter violemment les molécules d'eau de la soupe, les délogeant comme à la pétanque. Chocs après chocs, un équilibre s'établit entre la soupe et la couche d'air qui se trouve juste au-dessus : la température de l'air devient égale à celle de la soupe.

Si l'on souffle sur la soupe, l'air qui la surmonte, chargé de molécules d'eau évaporées, est remplacé par de l'air sec. De ce fait, les molécules évaporées ne peuvent revenir dans la soupe : en soufflant, vous favorisez l'évaporation de la soupe.

Comme les molécules qui s'évaporent sont précisément celles qui ont le plus d'énergie, il ne reste dans la soupe que les molécules qui ont le moins d'énergie. L'évaporation correspond donc à une diminution de l'énergie du liquide, c'est-à-dire à un refroidissement. Autrement dit, pour refroidir, soufflez. Le phénomène est le même que celui que vous ressentez quand vous sortez d'un bain de mer, un jour où le vent souffle : celui-ci, en évaporant l'eau qui reste sur votre peau, vous refroidit.

Attention toutefois : pour refroidir toute la soupe, si elle est épaisse, il vous faudra la remuer en même temps que vous soufflerez ; sinon seule la surface serait refroidie. La viscosité empêcherait les molécules de la surface d'égaliser leur température avec les molécules du fond.

LE
LAIT

Comment empêcher le lait de déborder ?

Une des difficultés majeures de la science est la juste appréciation des situations : jusqu'à quel point peut-on simplifier un système sans perdre l'essence du phénomène que l'on veut comprendre ? Pour savoir comment la soupe refroidissait, nous l'avons assimilée à de l'eau, parce que les échanges de chaleur en surface, seuls responsables du refroidissement, sont identiques pour de la soupe ou pour de l'eau. Si nous nous étions intéressés aux propriétés d'écoulement, seule une soupe très fluide aurait pu être assimilée à de l'eau. Comme le poète, le physicien et le chimiste doivent maîtriser les métaphores.

Pour comprendre pourquoi le lait déborde, pouvons-nous également considérer qu'il est analogue à de l'eau ? Certainement pas, car de l'eau qui bout ne déborde pas. Manifestement le lait est un liquide plus complexe que l'eau. Un soupçon d'observation nous révèle sa nature cachée : laissons du lait reposer ; sa surface se charge de crème, c'est-à-dire d'une matière grasse (puisque la crème battue donne le beurre). Sous quelle forme la crème se trouvait-elle dans le lait ? Une observation de ce dernier au microscope nous aurait révélé d'innombrables petits globules, dispersés dans la solution. Le lait est une «émulsion», et les globules de matière grasse dispersés dans l'eau, en déviant la lumière dans toutes les directions, sont responsables de la couleur blanche du liquide.

Naturellement le lait n'est pas qu'eau et matière grasse, car les deux corps ne se mélangent pas : du beurre fondu et de l'eau restent séparés (en science, on dit qu'ils forment deux phases) ; et avec du beurre non fondu, le divorce est encore pire. De fait, le lait contient également des protéines et diverses autres molécules «tensio-actives», c'est-à-dire qui ont une partie soluble dans l'eau et une partie soluble dans la matière grasse. En plaçant au contact de l'eau leur partie soluble dans l'eau et au contact de la graisse leur partie soluble dans la graisse, ces molécules tensio-actives forment un enrobage qui délimite les globules de matière grasse, les stabilise et assure leur dispersion dans l'eau. Cette stabilisation est renforcée par les molécules de caséine, qui, à la surface des globules, assurent une répulsion mutuelle de ceux-ci parce qu'elles sont négativement chargées.

Toutefois les répulsions dues à la caséine, notamment, ne suffisent pas à éviter la coalescence occasionnelle des globules, c'est-à-dire leur fusion : dans un liquide, les globules sont en mouvements incessants, à des vitesses variables ; ceux qui sont les plus rapides parviennent à se rencontrer et à fusionner en globules plus gros. Or plus les globules sont gros, plus les forces de répulsions deviennent faibles par rapport à la poussée d'Archimède. Progressivement les globules grossissent et montent : la crème s'établit à la surface de l'émulsion.

Quand on chauffe le lait, l'effet est encore plus rapide, car les globules sont eux-mêmes plus rapides : leurs chocs provoquent plus souvent leur fusion et, à température supérieure à 80 degrés, la caséine coagule. Cette coagulation a deux effets : la caséine qui a coagulé ne protège plus les globules, et elle forme une couche continue à la surface du lait, la peau. La vapeur d'eau qui se forme au fond de la casserole, progressivement piégée sous la peau, soulève cette dernière... et verse sur la cuisinière avec une abominable odeur d'œuf pourri.

Pourquoi cette odeur ?

Parce que les protéines du petit lait sont des chaînes dont certains maillons portent des atomes de soufre. A température supérieure à 74 degrés, ces chaînes sont déstabilisées et leurs atomes de soufre réagissent avec les ions hydrogène de la solution, formant du sulfure d'hydrogène. C'est ce corps qui possède cette... odeur de lait cuit, dirons-nous par litote.

Pourquoi le lait humain est-il plus digeste que le lait de vache ?

Peu de lecteurs de ces lignes auront l'occasion de goûter du lait humain, mais beaucoup d'entre eux l'ont déjà fait... au début de leur vie. Et beaucoup d'entre eux – la moitié environ – auront l'occasion d'en faire goûter à de plus jeunes qu'eux.

Pourquoi ce lait est-il plus digeste que le lait de vache ? Parce qu'il contient moins de protéines. Celles-ci coagulent dans le milieu acide de l'estomac, de sorte qu'elles sont moins accessibles aux enzymes digestives : la digestion est ralentie.

L'effet est le même que celui qui est utilisé quand on fabrique du fromage ; le lait coagule quand on lui ajoute du sel ou un acide, tel le vinaigre ou le jus de citron, parce que les ions positivement chargés du sel, attirés par les charges négatives de la caséine, se placent autour d'elles et neutralisent les forces de répulsion entre les globules, qui peuvent alors coalescer. La propriété qui fait du lait de vache un lait moins digeste que le lait de femme est un avantage dans le cas du fromage : avec plus de protéines, la coagulation est plus facile. A chaque âge de la vie ses plaisirs...

GELS,
GELÉES, ASPICS

Le principe du pied de veau

Gels, gelées, aspics... A ces mots, le Gourmand est saisi par des visions de plats brillants où la transparence d'une couverture vernissée laisse deviner des poissons immenses entourés d'herbes fines, ou des truffes émincées qui habillent des volailles rôties. La beauté n'est pas la seule caractéristique des gelées : en bouche, elles fondent délicieusement, ne laissant que la quintessence des arômes qu'elles renfermaient.

Le secret gourmand de ces plats est dans la gelée, dont les mystères nous sont révélés par la physique, stimulée par l'industrie photographique*. Après des siècles d'empirisme, les cuisiniers sont aujourd'hui armés pour créer en connaissance de cause des tableaux gastronomiques enchanteurs.

Depuis longtemps, les cuisiniers savent que le mijotage de certaines viandes, tel le pied de veau, libère dans le liquide de cuisson des «principes» qui figeront le plat où ils seront présents, à la température ambiante. Ainsi prépare-t-on simplement un poulet en gelée : on chauffe longtemps la volaille dans un liquide, puis on laisse refroidir la préparation ; la solution reste transparente, mais gélifie. Tel est également le secret des glaces de viande, utilisées pour la préparation des sauces : dans un bouillon agrémenté de carottes, d'oignons et de divers autres ingrédients aromatiques, on cuit quelques os concassés sur lesquels subsiste un peu de chair (on remplace les os par des arêtes de poisson pour un fond de poisson). Après une longue réduction, le collagène (la principale protéine de la peau, des tendons, des cartilages, des os et des tissus conjonctifs) est progressivement extrait, transformé et concentré en un sirop visqueux que l'on utilise pour épaissir ultérieurement quelque jus corsé**.

La recette se simplifie si, au lieu de glace de viande, vous utilisez des feuilles de gélatine, qui apporteront les mêmes molécules de collagène que celles qui auraient été longuement extraites lors de la préparation du fond.

D'autres gelées sont celles que l'on prépare avec des fruits et du sucre : de nombreux fruits, telles les pommes, apportent les composés gélifiants qui transforment le jus liquide et sucré en une masse appréciée des enfants, des gastronomes portant jupe et des gastronomes portant barbe ; leur secret sera révélé au chapitre des confitures.

---

* C'est un gel de gélatine qui, déposé sur un film de matière plastique, inclut des grains d'argent qui enregistrent le passage de la lumière.

** Une telle glace de viande sera utilisée, par exemple, pour la confection d'un tournedos au Pinot noir d'Alsace : poêlez un tournedos à feu vif dans du bon beurre et, quand il est cuit, réservez-le à four chaud. Déglacez la poêle en y versant deux décilitres de Pinot noir et deux cuillerées de glace de viande. Laissez réduire, ajoutez deux cuillerées de crème et nappez le tournedos dans la sauce sirupeuse formée.

D'autres gelées encore, moins transparentes toutefois, sont les pains de poissons, les garnitures de quiches, ou mêmes les soufflés et meringues ; nous les examinerons aux chapitres correspondants. Enfin n'oublions pas les gels d'amidon, les «empois», préparés par mélange de farine et d'eau ; leur importance est telle que nous répartirons leur examen dans deux chapitres : celui des sauces et celui de la pâtisserie.

Un piège pour l'eau

Les gels de gélatine que nous examinerons maintenant ne sont presque que de l'eau : avec une seule feuille de gélatine du commerce, soit environ deux grammes, on parvient à gélifier plusieurs décilitres d'eau. Cette gélification est réversible : quand on chauffe une gelée, elle se liquéfie, quitte à reprendre ultérieurement sa consistance quasi solide en refroidissant. Les gels de gélatine, comme les confitures, sont des gels «physiques», différents des gels «chimiques» que sont ceux d'œufs : en cuisant, un blanc d'œuf coagule et forme un gel définitif.

Les gels ont commencé à perdre de leur mystère après 1920, quand le physico-chimiste M. Staudinger forgea le concept de macromolécules, c'est-à-dire de molécules très longues, analogues à des fils capables de se replier sur eux-mêmes en pelotes ou de se dérouler, selon leur composition et le milieu où elles se trouvent. On comprit alors que des macromolécules comme celles des gommes, de la gélatine ou de la cellulose pouvaient se lier, en solution aqueuse, pour former un réseau continu qui s'étend dans toute la masse de la solution. Il suffit de très peu de macromolécules ainsi liées pour immobiliser une grande quantité d'eau, grâce à leurs nombreux sites hydrophiles★. Dans le cas de la gélatine, par exemple, un gel transparent et homogène se forme quand on abaisse simplement la température de la solution au-dessous de 30 degrés environ.

Pourquoi la gélatine forme-t-elle des gels souples alors que le collagène est rigide ? Parce que la protéine de collagène, dans les tissus animaux, forme une structure fibreuse. La solidité des fibres de collagène, responsables de la dureté des morceaux de viande à cuire longtemps, tel le collier, est apparemment due à la composition particulière des chaînes. La molécule de collagène, comme toute protéine, est une longue chaîne dont les maillons sont les acides aminés (vingt acides aminés différents

---

★ Que ce mot pédant n'effraie personne : il signifie seulement que ces groupes se lient aux molécules d'eau. Il provient des éléments grecs *hydro-*, l'eau, et *-phile*, qui aime. A l'inverse, les groupes hydrophobes, du grec *phobos*, qui a peur, sont ceux qui ne se lient pas aux molécules d'eau.

figurent dans les protéines animales ou végétales). Plus précisément, la séquence du collagène serait : glycine, un autre acide aminé quelconque, proline, glycine, un autre acide aminé, hydroxyproline, etc. :

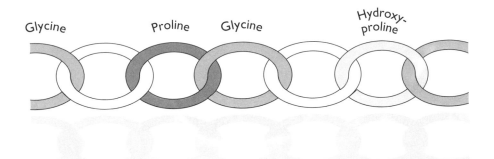

La proline et l'hydroxyproline sont des groupes chimiques qui rigidifient localement la chaîne et dont les atomes latéraux jouent un rôle important dans la solubilisation de la protéine : ils interagissent avec les molécules d'eau par des liaisons faibles, les liaisons hydrogène.

Dans les tissus animaux, les molécules de collagène forment spontanément des triples hélices, stabilisées par des liaisons hydrogène entre les groupes latéraux adjacents des acides aminés, et les triples hélices s'alignent en fibres en se liant à leurs extrémités. Ces triples hélices sont regroupées en fibrilles solides composées d'environ 1000 unités. Ainsi structuré, le collagène est insoluble dans l'eau froide.

En revanche, on extrait le collagène en le chauffant en présence d'eau : les molécules d'eau s'intercalent entre les molécules de collagène, les séparent et les font passer en solution. On obtient le même résultat à l'aide de bases ou d'acides : avec ces derniers, la viande s'attendrit parce que le collagène qui la rigidifie normalement passe en solution : voilà le secret des marinades.

Pourquoi doit-on élaborer lentement les gelées ?

Lors de tous ces traitements, l'opération chimique qui a eu lieu a pour nom savant «dégradation hydrolytique» : l'eau (*hydro-*) a dégradé (*lysé*) la molécule de collagène, en brisant les liaisons entres les chaînes ; elle a également dénaturé les triples hélices en longs fils isolés qui tendent à se réassocier. De fait, quand on laisse une solution de gélatine refroidir, les triples hélices se réassocient, parce que, au hasard des mouvements de molécules, des sites appropriés viennent en vis à vis : vous observerez un phénomène analogue si vous jetez des aimants en vrac dans un sac ; les associations sont spontanées dans les deux cas. Rapidement, toutefois, des défauts de réassociation bloquent le processus à un stade où un réseau continu envahit toute la solution. Celle-ci, prise en masse, est un gel, une gelée.

Ce que nous apprend d'important la physique, c'est que l'état d'équilibre n'est atteint qu'après plusieurs jours, dans les conditions habituelles de réalisation des gelées. Quand deux hélices se sont réassociées localement et que leur association a été bloquée par un défaut, il leur devient difficile de se dégager pour se réassocier plus étroitement quand la température est trop basse, car les mouvements moléculaires sont alors ralentis : de même, une bille lâchée vers le sommet d'un paysage vallonné ne s'immobilise pas toujours au fond de la dépression la plus basse ; parfois elle tombe dans une petite dépression à mi-pente et s'y arrête parce qu'elle n'a plus assez d'énergie pour repartir vers un niveau inférieur.

Voilà pourquoi une gelée préparée par refroidissement lent (laissée sur le plan de travail dans une pièce fraîche, par exemple) est plus ferme qu'une gelée qui a refroidi rapidement au réfrigérateur : les défauts n'ont pas été figés dans une configuration indestructible ; la température longtemps élevée a laissé aux hélices la possibilité de se désenchevêtrer, quand elles étaient bloquées, et de s'associer mieux ensuite.

Nous comprenons également qu'il faille éviter de bouger le récipient où le gel se forme : au cours de la prise en gel, juste avant le moment où le gel se forme, les amas sont gros et très faiblement connectés, ce qui les rend fragiles ; si on remue le récipient, ils se défont, et le processus de réassociation doit reprendre presque au début. On connaît mal les mécanismes de cette rupture : soit les hélices se désentortillent, soit les chaînes se cassent, soit les deux mécanismes ont lieu simultanément. De toute façon, la prise en gel est retardée.

LA
MAYONNAISE

Mélanger de l'huile à de l'eau ?

Vous prenez un bol où vous versez de l'huile, puis de l'eau : deux phases se séparent, l'eau, plus lourde, en-dessous et l'huile, plus légère, au-dessus. Vous fouettez : quelques gouttes d'eau entrent dans l'huile, quelques gouttes d'huiles vont dans l'eau, mais dès que l'agitation cesse, les gouttes d'huile remontent et les gouttes d'eau redescendent. Les deux phases se séparent à nouveau.

Par quel miracle l'eau du jaune d'œuf (environ la moitié du jaune) et l'huile restent-elles mélangées dans la mayonnaise ? Le secret de la préparation est dans le jaune de l'œuf. Dois-je préciser que nous n'accorderons ici aucune place aux diverses superstitions qui expliquent les mayonnaises ratées par les règles des cuisinières ?

Voyons d'abord pourquoi l'huile et l'eau ne se mélangent pas. Les molécules d'eau, composées d'un atome d'oxygène lié simultanément à deux atomes d'hydrogène, se lient par ce que l'on nomme des liaisons hydrogène, entre un atome d'oxygène d'une molécule d'eau, et un atome d'hydrogène d'une molécule voisine :

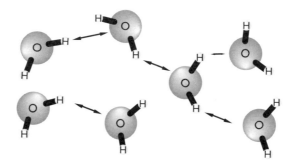

Au contraire, les molécules d'huile, ou lipides, sont des snobs qui ne frayent pas avec l'eau : ce sont par exemple des triglycérides, c'est-à-dire des molécules en forme de peignes à trois dents, composés principalement d'atomes de carbone et d'hydrogène :

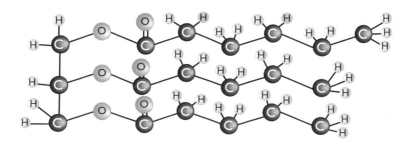

Comment mélanger l'huile à l'eau ? En leur ajoutant des molécules «entremetteuses», qui ont une affinité à la fois pour l'huile et pour l'eau. C'est grâce à ces molécules «tensio-actives» que l'on obtient la mayonnaise, où la concentration en huile atteint 65 pour cent. Les mayonnaises sont des «émulsions» : les tensio-actifs de la moutarde et du jaune d'œuf (telles les lécithines) servent à enrober des gouttelettes d'huile, en mettant à leur contact leur partie hydrophobe, et à disperser ces gouttelettes enrobées dans l'eau, en se liant aux molécules d'eau par leur partie hydrophile.

Pourquoi les gouttelettes enrobées ne se fondent-elles pas en une seule phase ? Parce que les têtes hydrophiles des tensio-actifs sont électriquement chargées : les gouttelettes, présentant toutes la même charge électrique, se repoussent. Cette caractéristique explique pourquoi les acides, tels le vinaigre ou le jus de citron, stabilisent la mayonnaise : en milieu acide, certaines molécules tensio-actives ont une charge électrique supérieure, et se repoussent donc davantage.

Pourquoi les mayonnaises deviennent-elles visqueuses quand elles contiennent beaucoup d'huile ?

Parce que plus on bat une mayonnaise en lui ajoutant de l'huile, plus les gouttelettes d'huile deviennent nombreuses et petites : elles occupent alors presque toute la solution aqueuse disponible, se gênent et s'écoulent difficilement. La viscosité augmente :

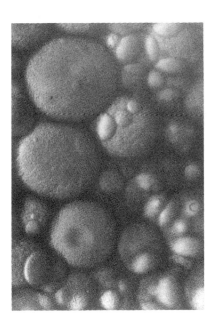 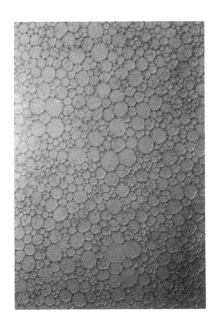

Pourquoi l'ajout d'un filet de citron ou de vinaigre fluidifie-t-il la mayonnaise ?

Parce que le jus de citron ou le vinaigre apportent de l'eau à l'émulsion déjà constituée : les gouttelettes ont davantage de place pour s'écouler. La mayonnaise est plus fluide. Simultanément elle blanchit : on suppose que cet effet résulte d'une dispersion différente de la lumière par les gouttelettes, mais cela reste à démontrer.

Combien de mayonnaise peut-on préparer avec un seul jaune d'œuf ?

Tout dépend de la quantité d'eau présente : les recettes traditionnelles indiquent généralement que s'il y a trop d'huile pour la quantité de jaune employée la sauce se décompose ; elles recommandent d'utiliser au maximum un à deux décilitres d'huile par jaune d'œuf.

Toutefois mon ami américain Harold McGee, un des quelques gastronomes scientifiques de ce siècle, a préparé jusqu'à 24 litres de mayonnaise avec un seul jaune d'œuf. Naturellement la science l'y a aidé : sachant que l'huile se dispose en gouttelettes dans une phase continue d'eau, il a pensé que la petite quantité d'eau habituellement apportée par le jaune d'œuf (une demie cuillerée à café d'eau par jaune environ) ne suffisait pas à préparer une grosse émulsion : aussi, pour maintenir les gouttelettes d'huile séparées dans la phase aqueuse, il a ajouté de l'eau à mesure qu'il ajoutait de l'huile. Plus précisément, pour chaque tasse d'huile, il conseille d'ajouter deux ou trois cuillerées à café d'eau.

Comme un gros jaune d'œuf contient assez de molécules tensio-actives pour émulsifier plusieurs litres de mayonnaise et que le jaune d'œuf en excès donne un goût d'œuf cru que d'aucuns jugent désagréables, je vous conseille, quand vous préparez une petite mayonnaise, de ne pas utiliser la totalité d'un jaune – une goutte suffit pour monter un grand bol de mayonnaise – et de commencer la sauce avec du citron, du vinaigre ou de l'eau pure, additionnés de quelques herbes fines hachées.

Pourquoi faut-il battre vigoureusement ?

Parce qu'il faut fragmenter l'huile en petites gouttelettes et les faire migrer dans l'eau, en emportant des tensio-actifs. Or plus la température est basse, plus les miscibilités de l'eau et de l'huile sont différentes :

si vous figiez l'huile en la refroidissant trop, vous ne pourriez même plus la diviser en gouttelettes. De même, il faut chauffer du beurre pour préparer une béarnaise ou une hollandaise, qui sont deux autres émulsions où l'œuf, encore, apporte les tensio-actifs.

Pourquoi ne verse-t-on pas l'huile d'un coup ?

Les recettes indiquent classiquement que l'on doit d'abord mélanger le vinaigre (pour ceux qui veulent), la moutarde (également pour le goût), puis le jaune d'œuf, et enfin ajouter lentement l'huile en fouettant vigoureusement. Pourquoi ajoute-t-on l'huile à la phase aqueuse, plutôt que l'inverse ? Premièrement parce qu'il faut diviser l'huile en gouttelettes microscopiques, ce qui est bien plus facile si l'on part d'une goutte d'huile dans l'eau qu'inversement. Deuxièmement parce que les molécules tensio-actives recouvrent plus rapidement et régulièrement les gouttes d'huile si le tensio-actif est initialement présent en grande proportion (il est initialement présent sous forme de micelles, sphères au centre desquelles toutes les queues hydrophobes des molécules tensio-actives sont regroupées).

Au début, le problème consiste à produire de petites gouttes bien séparées. Tant qu'il y a plus d'eau que d'huile, de grosses gouttes peuvent échapper à l'action du fouet, et l'huile monte en surface. Quand le volume d'huile incorporé est égal au volume initial d'eau et d'assaisonnement, les gouttes s'empêchent mutuellement de monter, et l'émulsion commence à se stabiliser.

Quand on continue d'ajouter de l'huile, les petites gouttes servent à dissocier les grosses, en s'opposant à leur écoulement.

Pourquoi la mayonnaise tourne-t-elle ?

Une mayonnaise tourne parce qu'elle «flocule» : les gouttelettes d'huile se mélangent les unes aux autres, et se séparent de la phase aqueuse. Cette catastrophe survient soit parce que les ingrédients sont trop froids, soit parce que l'émulsion ne renferme pas assez d'eau pour la quantité d'huile ajoutée.

Pour rattraper une mayonnaise tournée, les livres de cuisine conseillent de l'ajouter à un nouveau jaune d'œuf, comme s'il s'agissait d'huile. Toutefois il suffit parfois d'ajouter de l'eau et de battre vigoureusement. On économise le second jaune, mais il y faut de l'huile... de coude.

LES AVATARS
DE L'ŒUF

Accessoires essentiels

L'œuf est la vedette méconnue de la cusine. Grimod de la Reynière, dans son *Almanach des gourmands*, le célébrait en ces termes : «L'œuf est à la cuisine ce que les articles sont au discours, c'est-à-dire d'une si indispensable nécessité que le cuisinier le plus habile renonceroit à son art si on lui en interdisoit l'usage».

Quelle vérité ! Ses blancs, montés en neige, méritent un chapitre à eux-seuls ; les soufflés qu'il nous autorise à gonfler imposent l'examen de tant de principes physiques que, de même, un chapitre complet sera nécessaire pour que nous les maîtrisions ; et l'œuf dur, dont la préparation semble à la portée du néophyte le plus maladroit, nécessite quelques soins pour être vraiment bon.

Pourtant l'intérêt des œufs, en cuisine, est souvent méconnu. Tout d'abord, l'œuf est indispensable chaque fois que l'on souhaite donner une forme définie à un mets : on coule l'œuf, entier ou non, dans un récipient que l'on chauffe : l'œuf, avec éventuellement sa garniture, prend la forme du plat et la conserve après la cuisson.

D'autre part, l'œuf apporte, avec ses blancs battus en neige, l'élément moussant dans les recettes de meringues et de soufflés, pour des mousses qui cuisent, mais aussi dans les recettes de diverses mousses au chocolat ou au Grand-Marnier, servies froides sans cuisson.

Ensuite les œufs peuvent former des gels irréversibles qui piègent des éléments solides : ce sont les clafoutis ou les quiches.

Enfin l'œuf est utile pour ses composés «tensio-actifs»* dans diverses sauces, mayonnaise, béarnaise, hollandaise, jus liés au jaune d'œuf, etc. Dans toutes ces utilisations, l'œuf est un accessoire... essentiel.

Dans d'autres plats, l'œuf n'est plus accessoire mais principal : pensons aux œufs brouillés, aux omelettes ou aux œufs mimosa, par exemple.

Pourquoi est-il doué de toutes ces propriétés ? Le jaune, tout d'abord, contient de l'eau pour moitié, un tiers de lipides (dont des lécithines et du cholestérol) et 15 pour cent de protéines. Le blanc, d'autre part, est presque uniquement de l'eau, puisqu'il ne contient que dix pour cent de protéines (surtout des globulines, de l'ovalbumine et de la conalbumine).

A quoi la connaissance de cette composition nous servira-t-elle ? A répondre à toutes les questions suivantes.

---

* Voir le chapitre précédent.

Comment reconnaître un œuf cru d'un œuf dur ?

Dans le réfrigérateur partagé par toute la famille, les œufs durs sont fréquemment mêlés aux œufs crus. Ils ont la même masse (pesez-les pour vous en convaincre), la même couleur, le même aspect de surface Comment les reconnaître ?

Dans le doute, souvenons-nous que l'œuf cru est un liquide visqueux. Si nous le faisons tourner sur lui-même, nous n'entraînons que la coquille : l'intérieur de l'œuf reste quasi immobile, tout comme notre café quand nous tournons la tasse. Rapidement, en raison des frottements entre le liquide et la coquille, l'œuf cru ralentit, tandis qu'à l'intérieur le liquide se met lentement en mouvement. L'œuf cru tourne difficilement sur lui-même, puis, lâché, il tourne lentement. Au contraire, un œuf dur, tout d'un bloc comme une toupie, tourne facilement et longtemps dès qu'on l'a lancé.

Maintenant que nous savons retrouver nos œufs crus, examinons la question suivante.

Pourquoi un œuf cuit-il ?

Considérons le cas simple de l'œuf sur le plat. *A priori*, la cuisson d'un œuf est une opération complexe. Pensez : toutes ces molécules différentes ! Pourtant l'examen des constituants nous montre qu'en première approximation, nous n'avons là qu'un mélange de protéines et d'eau.

L'eau se comporte sans surprise : quand on la chauffe, sa température augmente régulièrement jusqu'à ce que, vers 100 degrés, elle se vaporise, éventuellement en formant des bulles.

Les protéines, d'autre part, sont des molécules analogues à de longs fils, souvent repliés sur eux-mêmes en raison de forces qui s'exercent entre les atomes d'une même molécule. Quand on les chauffe, ces forces faibles sont brisées, et comme toute liaison brisée laisse deux atomes en peine de compagnon, le chauffage favorise des rencontres entre les esseulés, qui peuvent alors se lier même quand ils n'appartiennent pas à la même molécule.

Ainsi, quand la température d'un œuf augmente, les pelotes de fil que sont les protéines commencent par former des chaînes sans se dérouler (le blanc reste translucide), puis apparaît un réseau dont les filaments sont composés de plusieurs protéines, opaque : l'œuf est cuit. Si l'on prolonge le chauffage, les pelotes se déroulent, et l'eau s'évapore : les atomes qui étaient liés à l'eau se lient entre eux, durcissant la masse coagulée. L'œuf durcit. Il est alors trop tard pour retrouver la souplesse moelleuse de l'œuf sur le plat correctement préparé.

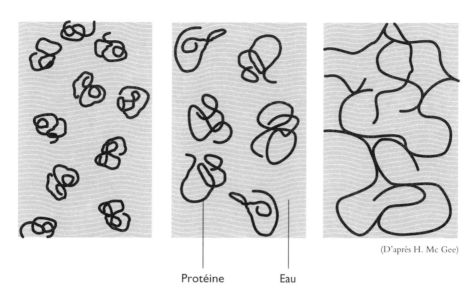

(D'après H. Mc Gee)

Protéine   Eau

Moralité : quand vous cuisez un œuf sur le plat, cessez la cuisson dès que l'œuf s'opacifie. Au-delà de cette limite, votre œuf n'est plus valable.

Pourquoi le jaune cuit-il après le blanc ?

Les cuisinières savent que le jaune d'un œuf, sur le plat ou à la coque, cuit bien après le blanc : plus précisément, les jaunes ne coagulent qu'à une température de huit degrés supérieure à celle de coagulation des blancs, mais ces petits huit degrés font toute la différence !

Pendant la cuisson d'un œuf, la coagulation des protéines du blanc absorbe de l'énergie et stabilise la température vers 60 degrés, empêchant que le jaune ne coagule : de même, l'eau que l'on chauffe dans une casserole à la pression ambiante se vaporise, mais sa température ne dépasse pas 100 degrés tant que du liquide subsiste.

Les célèbres trois minutes de cuisson des œufs à la coque correspondent au temps pendant lequel le blanc protège le jaune de la cuisson ; après quatre minutes d'immersion dans de l'eau bouillante, les œufs ont un jaune dont la température a augmenté des huit degrés nécessaires à leur coagulation.

Une minute pour réagir, c'est bien suffisant pour une cuisinière attentive.

Pourquoi les parties du blanc proches du jaune cuisent-elles difficilement ?

Tous ceux qui ont fait des œufs sur le plat ont déjà rencontré cette question : autour du jaune, une partie du blanc refuse de coaguler.

C'est que la protéine nommée ovomucine, dans le blanc, coagule plus difficilement que les autres protéines du blanc ; or c'est elle qui donne sa viscosité à la partie des blancs au contact des jaunes.

Comment la faire cuire sans que le reste du blanc ne devienne caoutchouteux (*voir la question* «Pourquoi un œuf cuit-il ?») ?

Le sel et les acides (vinaigre, jus de citron, etc.) favorisent la cuisson d'une solution de protéines dans l'eau, parce que leurs atomes électriquement chargés, ou ions, viennent entourer les atomes ayant la charge électrique complémentaire dans les protéines. Or ces charges électriques toutes de même signe assurent normalement le repliement et la dispersion des protéines. En présence d'ions complémentaires, les protéines peuvent se dérouler, se rapprocher et se lier plus facilement. Autrement dit, les protéines cuisent à plus basse température en présence de sel ou d'acides. Lors de la cuisson d'un œuf sur le plat, on obtient un blanc homogène en salant préférentiellement le blanc autour du jaune.

A l'extrême, on peut presque cuire un œuf en le plongeant dans du vinaigre, sans chauffer : les ions de l'acide provoquent la rupture des liaisons faibles, de sorte que les atomes esseulés peuvent s'associer à des atomes esseulés d'autres molécules : l'œuf coagule. Cette explication est aussi la réponse à la question suivante.

Pourquoi ajoute-t-on du vinaigre dans l'eau où l'on poche les œufs ?

L'ajout de vinaigre dans l'eau de cuisson accélère la coagulation de la partie de l'œuf qui se trouve en contact avec la solution bouillante : la partie externe des œufs coagule immédiatement, retenant le reste de l'œuf, qui peut alors faire masse sans se disperser dans la solution. Retenons que du sel a le même effet.

De même, on gagnera à saler l'eau bouillante où l'on plonge des œufs à la coque : en cas de fissure de la coquille, le blanc d'œuf coagulerait immédiatement, colmatant la fuite (une autre solution, pour éviter des fissures, est de percer un petit trou à l'aide d'une épingle dans les extrémités de l'œuf ; de la sorte, l'air qui se dilate ne casse pas l'œuf et s'échappe sans nuire).

Les mystères odorants de l'œuf dur

Ceux qui savent cuisiner l'oublient : on peut mal cuire un œuf dur !

Relisons Madame Saint-Ange : «C'est une erreur très répandue de penser qu'on ne risque pas d'excès de cuisson, quand il s'agit d'œufs durs, et qu'il est ainsi sans importance de prolonger leur séjour dans l'eau bouillante après qu'ils sont solidifiés. Un œuf dur trop cuit est coriace ; le jaune se cercle de vert, le blanc dégage une odeur déplaisante, et le tout donne l'impression d'un œuf pas frais.»

«Autre erreur : les œufs mis à l'eau plus ou moins chaude ou même froide, portée seulement ensuite à l'ébullition. Il en résulte une répartition défectueuse du blanc autour du jaune, ne procurant pas de jolies rondelles ou, s'il s'agit d'œufs farcis, de jolies coques de blanc d'une épaisseur régulière.»

La raison de la première erreur est simple : quand on cuit trop les œufs, les protéines du blanc, qui contiennent des atomes de soufre, libèrent un gaz nommé sulfure d'hydrogène, à la célèbre odeur d'œuf pourri. Ce gaz contamine le blanc et lui donne alors sa couleur verte.

Pour bien cuire les œufs, plongez-les dans de l'eau qui bout déjà, puis, dès que l'ébullion a repris, comptez dix minutes de cuisson. Mettez aussitôt les œufs dans de l'eau froide : ils seront ensuite plus facile à écaler.

Les liquides dans les œufs

Les omelettes, les quiches et les divers flancs sont un mélange de blancs, de jaunes et d'un liquide (lait, eau...), qui élève la température de coagulation : les protéines, même quand elles sont dénaturées (quand les pelotes sont dépliées) trouvent plus difficilement un voisin pour s'associer. Plus le liquide est abondant, plus la température peut s'élever sans que la coagulation générale n'ait lieu... à condition que la chaleur soit bien répartie : si, localement, la température est trop élevée, les grumeaux honteux se forment.

Le remède ? Une pincée de farine ou d'amidon. A température assez élevée, les longues molécules de la farine passent en solution et, pour une raison encore mal connue, bloquent l'agrégation des protéines de l'œuf. Nous retrouverons cet effet à propos des sauces liées au jaune d'œuf. C'est également celui qui nous fera réussir sans larmes les sabayons, crèmes anglaises, etc.

UN SOUFFLÉ
RÉUSSI ?

Une mousse à partir d'un liquide ?

Comment réussir un soufflé à tout coup ? Certains magiciens du soufflé répètent inlassablement les gestes qui, un jour, par hasard, leur ont garanti le succès ; je ne prétends pas les aider. Mais les autres, que la chance n'a pas guidé vers le tour de main approprié ? Ils obtiendront plus sûrement de bons résultats s'ils comprennent bien ce qu'est un soufflé et comment réagit la matière qui le compose.

Un soufflé, c'est toujours une mousse de blancs d'œufs additionnée d'une préparation : une béchamel aromatisée pour les soufflés de cuisine, salés, ou un appareil au lait ou à la purée de fruits et au sucre cuit pour les soufflés d'entremets. Le matériau essentiel est le blanc d'œuf, qu'il faut monter en neige et auquel la préparation doit être ajoutée sans que la mousse ne soit brisée, de sorte qu'elle gonfle ensuite à la chaleur et subsiste dans son état gonflé après avoir été sortie du four.

Examinons tout d'abord ce blanc d'œuf, que nous battons en neige. Il s'agit d'un mélange d'eau et de protéines, où l'on cherche à introduire des bulles d'air. Pourquoi un blanc d'œuf mousse-t-il, alors que l'eau ne retient pas l'air ? Parce que le blanc d'œuf contient des protéines (essentiellement ovomucine et conalbumine), qui, outre qu'elles se lient à la fois à l'air et à l'eau (elles sont «tensio-actives»), rendent le blanc d'œuf visqueux et stabilisent les bulles d'air introduites.

En effet, ces protéines, avec leur partie qui se lie à l'eau et leur partie qui la fuit, tendent à se placer à l'«interface eau-air», c'est-à-dire à la limite de l'eau et de l'air. De même que, dans l'émulsion d'une mayonnaise, les tensio-actifs du jaune d'œuf tapissent les gouttelettes d'huile et les dispersent dans l'eau, les protéines du blanc d'œuf tapissent les bulles d'air et assurent leur dispersion dans l'eau du blanc :

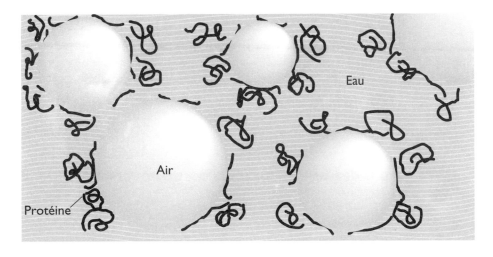

Quand on commence à battre les blancs en neige, les bulles sont grosses, mais plus on fouette, plus la taille des bulles d'air diminue :

Cet effet augmente la stabilisation des bulles, car les forces de pesanteur, qui tendent normalement à faire monter les parties les plus légères de la mousse (les bulles) et à faire descendre le liquide, deviennent alors inférieures aux forces de tension superficielle, qui assurent la cohésion de l'air et du liquide. Autrement dit, les mousses longuement fouettées, composées de petites bulles, sont plus stables que les mousses où l'on a lésiné sur le travail.

Pourquoi une solution de savon forme-t-elle des mousses bien moins solides que les blancs d'œuf ? Parce que les molécules de savon sont généralement bien plus petites que les protéines du blanc : les blancs d'œufs, plus visqueux que les solutions de savon, s'écoulent difficilement dans les parois inter-bulles.

Cet effet est renforcé par des liaisons qui s'établissent entre les protéines qui viennent tapisser la surface des bulles. Ainsi les protéines globulaires sont de longs fils repliés sur eux-mêmes en raison de forces entre certains de leurs atomes. Quand on bat une solution de protéines globulaires, ces longs fils sont déroulés, mais les atomes veufs tendent à reformer des liaisons. Comme ils se lient indistinctement avec d'autres atomes veufs de la même protéine ou avec des atomes veufs de protéines voisines, les protéines voisines se lient et rigidifient l'interface eau-air.

Quand des blancs sont-ils assez battus ?

Voici quelques recettes simples. Pour les plus calculateurs, tout d'abord, on saura que, dans du cuivre, un œuf de 3,5 centilitres bien battu donne un blanc de 15 centilitres.

Les plus pragmatiques, eux, s'arrêteront de battre quand, ayant sorti le fouet chargé de mousse du bassin, ils verront, en le tournant sur lui-même, que la mousse y reste attachée en un bloc solide figurant une houppe pointue comme la perruque d'un clown.

Autre truc : un blanc est assez monté en neige, pour un soufflé, quand il supporte le poids d'un œuf dans sa coquille !

Dans tous les cas, il s'agit de former de toutes petites bulles, de sorte que les parois entre les bulles soient aussi minces que possibles, que l'écoulement du liquide dans ces parois soit difficile ou, autrement dit, que les bulles soient très stables.

Attention ! Il existe un risque de trop battre des blancs, ce qui dissocie l'eau des protéines et fait «perler» les blancs, mais ce risque est faible si vous battez à la main : les cuisiniers amateurs font plutôt moins que plus. Les autres ajouteront du sucre afin de se prémunir, mais la science n'explique pas encore leur tour de main.

Pourquoi doit-on éviter de laisser du jaune dans les blancs ?

Parce que les blancs pollués par du jaune ou par les corps gras montent difficilement et moins (semble-t-il) que les blancs propres.

Pourquoi cet effet ? Parce que les jaunes contiennent de petites molécules tensio-actives, qui se lient aux longues protéines des blancs et gênent l'établissement d'un réseau de protéines des blancs, affaiblissant l'interface eau-air. En outre, les graisses des jaunes sont liées par les parties hydrophobes des protéines des blancs, et réduisent ainsi la disponibilité de ces dernières pour enrober les bulles d'air. En revanche, quand la mousse est bien formée, et que les protéines des blancs se sont liées entre elles, correctement réparties à l'interface eau-air, les lipides des jaunes peuvent être ajoutés sans dommage : la place est prise.

Prenez donc garde aux bols en plastique et, plus généralement, aux récipients auxquels le gras attache : de tels ustensiles ont un effet néfaste, pour ne pas dire désastreux sur la montée des blancs en neige, car les molécules de lipides qui sont restées sur leurs parois ont le même effet que les lipides du jaune d'œuf.

Du sel, de l'acide ?

Bien des livres de cuisine conseillent de battre les blancs en neige après leur avoir ajouté un peu de vinaigre ou de sel : cet ajout faciliterait la levée de la mousse et affermirait les blancs en neige. Est-ce exact ?

Les acides, tout d'abord, agissent certainement sur les blancs en neige, parce que leurs ions hydrogène H$^+$ rompent les liaisons intramoléculaires faibles qui assurent le repliement des protéines : par exemple, quand les ions hydrogène sont abondants, ils viennent près des atomes d'oxygène qui, normalement, seraient liés à des atomes d'hydrogène de la même molécule. Un seizième de cuillerée de vinaigre ou de jus de citron par blanc décuple la concentration en ions hydrogène, lesquels, petits atomes d'hydrogène portant une charge électrique positive, empêchent en outre que les groupes acides des protéines perdent leur atome d'hydrogène et se chargent électriquement. En présence d'un acide, les protéines se repoussent moins. C'est pour cette même raison que l'on ajoute du vinaigre dans l'eau où l'on cuit des œufs à la coque : en cas de fissure, le blanc coagule aussitôt, parce que ses protéines ne se repoussent plus ; les brèches sont colmatées.

Pour en revenir aux blancs en neige, les acides facilitent également la coagulation des protéines autour des bulles, et stabilisent ces dernières.

Le sel agit de façon identique, mais il ne modifie pas la dissociation des protéines : ses ions viennent seulement entourer les atomes électriquement chargés des protéines, ce qui amoindrit leur répulsion électrostatique, et facilite leur coagulation.

Un mélange «précautionneux»

Que faire de nos blancs quand ils sont en neige ? Le *Larousse gastronomique*, indispensable compagnon des Gourmands, indique de les placer dans une béchamel additionnée des jaunes et d'un hachis, d'un salpicon, d'une purée de légumes, de fromage, de viande ou de poisson. Ou encore de les mêler à un appareil au lait ou à la purée de fruits et au sucre cuit.

Par expérience, j'ajouterais que le mélange des jaunes à la préparation de base doit se faire hors du feu, après que la préparation a refroidi (sinon on cuit les jaunes).

Pourquoi les jaunes doivent-ils être ajoutés deux par deux, comme le conseillent certains bons livres de cuisine ? Je n'en sais rien, mais j'ai constaté l'effet dimanche soir après dimanche soir, quand j'infligeai à ma famille un éternel soufflé au roquefort, que je tentai de perfectionner. J'ai tout essayé : ajouter tous les jaunes ensemble, les ajouter un par un, trois par trois... Le meilleur effet est obtenu quand on ajoute les jaunes deux par deux. Les cuisiniers avaient raison, mais le mystère subsiste.

Ayant ainsi mêlé les jaunes à la préparation de base, vient le problème d'ajouter les blancs au mélange. La difficulté de l'opération tient à ce que les blancs sont délicats, de viscosité très différente de celle de la préparation, de sorte que le mélange se fait mal.

Madame Saint-Ange conseille de déposer la préparation la plus légère (les blancs en neige) sur la plus dense, puis de descendre une spatule comme si l'on coupait une tarte, en remontant la préparation dense par le fond et en la posant sur les blancs, avant de répéter l'opération en tournant le récipient. Jean-Pierre Philippe, chef de la *Toque blanche*, aux Mesnuls, vient chercher la préparation par-dessous, en partant du côté de la terrine opposé à lui et en raclant le fond pour revenir vers lui, en déposant la préparation ramenée du fond sur le dessus des blancs, et en tournant la terrine à chaque passage. On comprend que, pour résister à ces traitements, les blancs doivent être fermes.

On dépose alors le mélange dans les moules à soufflés, beurrés (pour que le soufflé n'attache pas) et farinés (pour qu'il monte facilement), en ne remplissant les ramequins que jusqu'aux deux tiers (afin qu'ils ne débordent que modérément quand les soufflés montent).

Dans le soufflé ainsi préparé, la tenue est due à l'ovalbumine du blanc (50 pour cent du blanc), qui n'est pas dénaturée lors du brassage et qui coagule à la cuisson, limitant ainsi la croissance des bulles d'air, qui finiraient sinon par exploser.

Le soufflé monte parce que les bulles d'air grossissent sous l'action de la chaleur (l'air se dilate), mais un calcul simple montre que cet effet ne peut expliquer qu'un gonflement de 20 à 30 pour cent. Puisque le soufflé double, voire triple de volume, c'est que de l'eau s'évapore et que la vapeur formée vient accroître les bulles. La coagulation des protéines des œufs piège définitivement les bulles dans la masse.

Pourquoi ne faut-il pas ouvrir la porte du four pendant que le soufflé cuit ?

Parce que les protéines d'œufs, pas encore coagulées, n'ont pas établi une armature rigide : les bulles du soufflé, en équilibre avec l'air du four, soutiennent le poids de la préparation. Si l'on ouvre la porte du four à ce moment, la température diminue brusquement, l'air des bulles se contracte et le soufflé retombe ; une fois la porte refermée, les parois des bulles coagulent avant que les bulles ne se soient regonflées.

A quelle température le soufflé doit-il cuire ?

Une telle question appelle une réponse de Normand : il faut cuire à température assez élevée pour que les protéines coagulent avant que la mousse n'ait commencé à retomber, les bulles ayant explosé, mais assez douce pour que l'intérieur puisse monter avant que la coagulation des parois ne l'en empêche.

Les chefs ont expérimentalement déterminé que la température idéale se situe vers 200 degrés pour obtenir un cœur humide sous une croûte dorée, et vers 150 degrés pour avoir un résultat plus uniforme.

Le temps de cuisson dépend de la grosseur des soufflés : on conseille souvent de cuire les gros soufflés pendant 25 à 30 minutes, et les petits un quart d'heure.

Un truc, enfin : pour avoir un dessus de soufflé bien régulier, passez le soufflé quelques instants au grill avant de le cuire : le sommet fera un toit solide, qui montera ensuite uniformément, poussé par le gonflement des bulles.

Comment éviter que les soufflés ne retombent ?

La voilà, la grande question du soufflé ! Certains chefs conseillent de préparer les soufflés à l'avance, quand les convives ne sont pas encore arrivés, et de les placer dans un bain-marie, à température très douce, jusqu'à ce que vienne le moment de la cuisson. De cette façon, les soufflés monteraient très lentement, sous l'action de la chaleur douce du bain-marie, et... mystère scientifique, ils ne retomberaient pas après la cuisson. Ce conseil est-il bon ?

En compagnie de Nicholas Kurti, avec qui j'ai organisé le premier Colloque international de gastronomie moléculaire et physique, en juillet 1992, à Erice (Sicile), nous avons exploré l'ascension des soufflés et, notamment, la validité de ce conseil. Nous avons préparé une béchamel au fromage, avons battu des blancs en neige et avons procédé au mélange. Nous avons alors rempli de cet appareil plusieurs petits ramequins à soufflé en porcelaine et n'avons cuit, aussitôt, que l'un de ces soufflés. Son volume a triplé et sa cuisson parfaite a été obtenue après vingt-cinq minutes au four à 180 degrés. Au sortir du four, le soufflé était beau, mais il est redescendu.

Un des autres ramequins a été placé au réfrigérateur, un autre au congélateur, et les deux derniers ont été laissés dans la cuisine. Plus tard, le soufflé du congélateur a été sorti et, quand il a repris la température de la pièce, il a été cuit, en même temps que le soufflé qui avait été placé au réfrigérateur : il a un peu mieux monté, mais a donné un résultat moins intéressant que le premier soufflé, cuit immédiatement. Les deux derniers soufflés, également, ont été cuits ensemble, mais après que l'un ait été placé au bain-marie, tandis que l'autre restait tranquille. Ils n'ont pas donné les résultats attendus.

Cette série d'expériences était critiquable : le soufflé au bain-marie avait été conservé au réfrigérateur avant d'être traité comme on l'avait conseillé. Aussi ai-je refait l'expérience plusieurs fois, en mettant l'appareil à soufflé au bain-marie juste après avoir mêlé les blancs à la béchamel au fromage, et en testant différentes températures de bain-marie et plusieurs temps de conservation au bain-marie avant la cuisson. Jamais ces soufflés n'ont aussi bien monté que les soufflés cuits immédiatement : il est vrai que les soufflés (au fromage) conservés au bain-marie ne redescendent pas... mais la raison en est qu'ils ne montent pas !

Nous avons de cette expérience l'indication importante suivante : pour faire un beau soufflé, cuisez-le sans attendre. La mise au congélateur n'est qu'un pis aller, de même que l'attente au bain-marie.

LA
CUISSON

Les secrets de la tendreté

En cuisant, nous avons deux objectifs : rendre les denrées assimilables, et leur donner du goût. Souvent le cuisinier atteint les deux buts simultanément, car la chaleur, qui dégrade les molécules trop dures de la viande, par exemple, déclenche également les réactions chimiques qui engendrent des composés aromatiques.

Pourquoi les viandes s'attendrissent-elles à la cuisson ? Pourquoi la cuisson fait-elle perdre leur raideur aux légumes ? Et, plus généralement, quel est le secret des transformations culinaires ?

La cuisine étant presque l'art de la cuisson, nous ne résumerons certainement pas tout ce livre dans ce chapitre : l'extrait serait trop concentré. Nous ne ferons qu'une clarification préalable, réservant l'examen des divers types de cuissons pour les chapitres suivants.

Dans tous les cas, la chaleur augmente la mobilité des atomes et des molécules, qui peuvent alors réagir parce qu'ils ont assez d'énergie pour se transformer : les molécules se cognent, se disloquent, et, quand des groupes chimiques ayant quelque affinité se rencontrent, au hasard des mouvements erratiques des molécules, des réarrangements ont lieu. Ces réarrangements sont ce que l'on nomme des réactions chimiques : ils engendrent de nouveaux composés.

Comment chauffer les aliments ?

La question semble naïve, mais essayez, par exemple, de chauffer une soupe épaisse en plaçant un petit radiateur électrique au-dessus de la surface : la couche très superficielle bouillira, mais la masse de la soupe restera froide.

De même, un bon rôti à la broche doit plutôt se faire devant le feu que directement au-dessus : si vous rôtissez des cailles, oiseaux délicats par excellence, bardées comme il se doit avec des feuilles de vigne entre le lard et l'oiseau, vous n'aurez que le goût de fumée si vous cuisez directement au-dessus du feu.

En revanche, si vous connaissez les mécanismes du rayonnement et que vous mettez la broche à la même hauteur que le feu, mais à côté, vos volatiles cuiront doucement, plus à cœur, et leur chair se parfumera délicatement du goût subtil de la feuille de vigne.

Voilà notamment pourquoi il est utile de savoir que la chaleur se communique aux plats par trois mécanismes : la convection, la conduction et le rayonnement.

Des boules de billard dans les casseroles

La conduction, tout d'abord, est le phénomène qui agit quand on chauffe un solide : une cuillère en métal laissée dans un liquide bouillant vous brûle les doigts. De même, la chaleur communiquée par un four à la surface d'un rôti, par exemple, se transmet progressivement aux molécules de l'intérieur. En effet, les molécules superficielles, agitées par la chaleur, heurtent les molécules situées plus à l'intérieur et, ainsi, leur transmettent leur énergie. Celles-ci, en heurtant des molécules encore plus à l'intérieur, y font passer l'agitation, donc la chaleur.

La chaleur, c'est l'agitation des molécules. Les aliments sont comme des tas de boules de billard : si vous agitez les boules du bord, elles transmettront leur agitation aux boules adjacentes plus au centre du tas, qui transmettront ensuite leur énergie aux boules encore plus à l'intérieur du tas, etc. C'est le phénomène de chauffage par conduction.

Convection et dépouillement

La convection, d'autre part, accélère cette transmission de chaleur dans les liquides : quand on chauffe une casserole d'eau par le fond, c'est l'eau du fond qui est d'abord chauffée, par contact avec le fond, lui-même au contact du fourneau. La chaleur se transmet naturellement par conduction, mais en outre, l'eau chaude du fond, plus légère que l'eau froide qui se trouve au-dessus d'elle, monte et est remplacée par de l'eau froide, qui est alors chauffée, etc. Des courants de liquide, nommés courant de convection, circulent dans le liquide et répartissent rapidement la chaleur.

Ce phénomène est visible quand on dépouille une sauce. Vous avez fait un braisé, par exemple, en saisissant au four une pièce de viande et ses accompagnements *(voir le chapitre consacré aux braisés, page 75)* ; puis, après cinq minutes initiales de saisissement, vous avez ajouté un quart de litre de bon vin blanc, posé un couvercle et réduit la cuisson à un tout petit bouillon, en réglant la température du four à une valeur à peine supérieure à 100 degrés. Après une heure de cette cuisson au ralenti, vous avez déposé la moitié de ce liquide dans un roux (vous aviez cuit un peu de farine dans du beurre jusqu'à obtenir une couleur blonde engageante). Le roux épaissira le liquide retiré de la cocotte où repose la viande. Le dépouillement procurera une sauce à la fois légère, onctueuse et satinée ; il doit être lent et régulier.

L'opération permet d'ôter tous les corps solides qui troublent la sauce, en provoquant leur coagulation ou leur agrégation. On l'effectue en plaçant la casserole sur un bord (en soulevant le bord opposé avec un objet qui ne craint pas la chaleur, telle une veille cuillère). Chauffé en un seul point, le liquide forme une seule cellule de convection : il absorbe la chaleur au contact du fond, monte à la verticale et redescend par les côtés. Lors de ce brassage, les particules solides sont ramenées au centre de la cellule de convection et forment une écume que l'on retire régulièrement. Simultanément, on éponge la surface de la sauce à l'aide d'un papier absorbant afin d'en éliminer la graisse.

La convection fut découverte par le comte Rumford, un aventurier génial qui épousa la veuve de Lavoisier et qui, parmi bien d'autres études scientifiques, s'était demandé pourquoi sa sauce aux pommes restait chaude longtemps après que sa soupe avait refoidi. Nous savons maintenant que la convection est d'autant plus active que le milieu est peu visqueux : dans un milieu visqueux, le liquide circule difficilement. Dans la soupe peu visqueuse de Rumford, la convection échangeait rapidement la chaleur avec le bol et l'air, tandis que la chaleur de la sauce, visqueuse, ne pouvait s'échapper que par conduction, donc lentement. La sauce restait plus longtemps chaude que la soupe.

La lumière qui cuit

Le troisième mode de chauffage est le chauffage par rayonnement, qui nous donne chaud au ventre, mais froid au dos quand nous sommes face au feu. Ce chauffage par rayonnement est le principe du rôtissage des viandes : un feu ou un grill émet des rayonnements analogues à la lumière, mais invisibles : les rayonnements infrarouges. Ceux-ci, comme la lumière, se propagent en ligne droite et sont arrêtés par les corps opaques. Leur énergie, quand ils sont absorbés par de la viande, chauffe et cuit cette dernière.

Naturellement la cuisson par micro-ondes est également un procédé de chauffage par rayonnement : cette fois, les ondes pénètrent dans les aliments, telle la lumière qui traverse les vitres de verre.

Quel type de cuisson pour quel plat ?

Une fois la chaleur dans l'aliment, elle remplit des fonctions variées, qui participent à la cuisson : ramollissement des substances dures, coagulation, gonflement ou dissolution, transformation de l'aspect, réduction ou extraction des sucs et des principes nutritifs...

Convection, conduction ou rayonnement ? L'analyse suivante envisage la plupart des procédés de cuisson. Les milieux de cuisson sont l'eau, les corps gras, l'air sec ou humide.

Quand le fluide chauffant est un liquide, la convection procure un bouilli.

Quand le fluide chauffant est la vapeur d'eau, la convection permet d'effectuer un étuvage.

Quand le fluide chauffant est l'air humide, la convection assure la cuisson des rôtis au four.

Quand le fluide chauffant est un corps gras, la conduction procure les fritures.

Sans fluide chauffant et dans l'air sec, les rayonnements font les rôtis à la broche.

Après avoir rappelé que «la découverte d'un plat nouveau fait plus pour le bonheur du genre humain que la découverte d'une étoile» (Brillat-Savarin), n'oublions pas les micro-ondes, qui cuisent de façon originale : un rayonnement est absorbé par certaines molécules de l'intérieur des aliments (l'eau), et la chaleur de ces molécules cuit ensuite l'ensemble de l'aliment, en se transmettant par conduction aux molécules insensibles aux rayonnements micro-ondes.

Une cuisson sans chaleur ?

Nous ne saurions clore la liste des procédés de cuisson sans évoquer une cuisson d'un type un peu particulier : la cuisson à l'acide.

N'ayons pas peur du terme : il s'agit seulement de placer les denrées dans du jus de citron ou dans du vinaigre. Dans les deux cas, le liquide, acide, assure la coagulation des protéines. C'est ainsi que du poisson laissé dans du jus de citron se transforme tout comme si on l'avait poché dans l'eau bouillante ; en revanche, son goût est original.

BOUILLI
ET BOUILLON

Cinquante jambons !

Longtemps, on a cru que la viande se composait de deux parties : celle qui passe dans le bouillon, quand on cuit longtemps la viande dans l'eau, et la partie fibreuse, qui était nommée le bouilli. Les Gourmands n'avaient jamais de mots assez durs pour le bouilli : déserté par le principe succulent des viandes, le bouilli ne méritait plus de figurer à leur table.

Brillat-Savarin narre l'anecdote suivante en l'honneur de l'«osmazôme», qui aurait été la principale composante du goût des viandes :

«Le prince de Soubise avait un jour l'intention de donner une fête ; elle devait se terminer par un souper et il en avait demandé le menu : le maître d'hôtel se présente à son lever avec une belle pancarte à vignettes, et le premier article sur lequel le prince jeta les yeux fut celui-ci : cinquante jambons.

«Eh quoi ! Bertrand, dit-il, je crois que tu extravagues ; cinquante jambons ! veux-tu donc régaler tout mon régiment ?

– Non, mon prince ; il n'en paraîtra qu'un sur la table ; mais le surplus ne m'est pas moins nécessaire pour mon espagnole, mes blonds, mes garnitures, mes...

– Bertrand vous me volez, et cet article ne passera pas.

– Ah ! monseigneur, dit l'artiste, pouvant à peine contenir sa colère, vous ne connaissez pas nos ressources ! Ordonnez, et ces cinquante jambons qui vous offusquent, je vais les faire entrer dans un flacon de cristal pas plus gros que le pouce.»

«Que répondre à une assertion aussi positive ? Le prince sourit, baissa la tête, et l'article passa.»

Un peu plus loin, Brillat-Savarin considère plus explicitement l'osmazôme :

«Le plus grand service rendu par la chimie à la science alimentaire est la découverte, ou plutôt la précision de l'osmazôme. L'osmazôme est cette partie éminemment sapide des viandes, qui est soluble à l'eau froide, et qui se distingue de la partie extractive en ce que cette dernière n'est soluble que dans l'eau bouillante. C'est l'osmazôme qui fait le mérite des bons potages ; c'est lui qui, en se caramélisant, forme le roux des viandes ; enfin, c'est de lui que sort le fumet de venaison et du gibier. L'osmazôme se retire surtout des animaux adultes à chairs rouges, noires, et qu'on est convenu d'appeler chairs faites ; on n'en trouve point ou presque point dans l'agneau, le cochon de lait, le poulet, et même dans le blanc des plus grosses volailles ; c'est par cette raison que les vrais connaisseurs ont toujours préféré l'entre-cuisse ; chez eux, l'instinct du goût avait prévenu la science. C'est aussi la prescience de l'osmazôme qui a fait chasser tant de cuisiniers, convaincus de distraire le premier bouillon ; c'est elle qui fit la réputation des soupes de primes, qui a fait adopter les croûtes au pot comme confortatives dans le bain, et qui fit inventer au chanoine Chevrier des marmites fermantes à clef ; c'est le même à qui l'on ne servait jamais des épinards le vendredi qu'autant qu'ils avaient été cuits dès le dimanche et remis chaque jour sur le feu avec une nouvelle addition de beurre frais. Enfin, c'est pour ménager cette substance, quoique encore inconnue, que s'est introduite la maxime que, pour faire de bon bouillon, la marmite ne devait que *sourire,* expression fort distinguée pour le pays d'où elle est venue.

«L'osmazôme, découvert après avoir fait si longtemps les délices de nos pères, peut se comparer à l'alcool, qui a grisé bien des générations avant qu'on ait su qu'on pouvait le mettre à nu par la distillation. A l'osmazôme succède, par le traitement à l'eau bouillante, ce qu'on entend plus spécialement par matière extractive : ce dernier produit, réuni à l'osmazôme, compose le jus de la viande».

Un arôme universel ?

Bien que docte et savant, ce long exposé de notre Maître gastronome n'est pas parfaitement exact : l'osmazôme de Brillat-Savarin n'est qu'un mythe créé à une époque où la chimie analytique s'était familiarisée avec la distillation. C'est le chimiste français Louis Jacques Thénard qui forgea le terme «osmazôme« sur le grec *osmé,* «odeur», et *zomos,* «la soupe», et le proposa pour la première fois dans un article du *Bulletin de la faculté de médecine de Paris,* publié en 1806.

La seconde citation de Brillat-Savarin tend à faire accroire que l'osmazôme est un composé bien défini, unique, tel l'alcool éthylique des boissons alcoolisées ; mais les méthodes modernes d'analyse montrent que la partie extraite à froid des viandes est déjà un mélange complexe d'eau, de lipides, de molécules aromatiques diverses, de sels...

Au total, la viande contient plus de 100 composés sapides ou aromatiques. Que le premier extrait de la viande soit le plus sapide, faisons confiance à nos aïeux pour le savoir : ils avaient plus que nous l'habitude du bouillon et, de surcroît, les molécules volatiles sont souvent mieux perçues que celles qui, restant dans les aliments, n'activent ni les papilles ni les récepteurs du nez.

En revanche, l'aphorisme de Valéry selon lequel «ce qui est simple est toujours faux» s'applique ici à l'osmazôme : ce n'est pas le principe sapide des viandes ; c'est seulement un des types d'extraits aromatiques que l'on peut en recueillir.

Et si nous en croyons Brillat-Savarin, c'est le meilleur.

Comment obtenir un bouillon parfumé ?

Raisonnons : la viande contient de nombreuses protéines ; cela est notoire, et nous mangeons la viande afin de nous en procurer. Que contient-elle d'autres ? Des graisses ! Il est aussi important, mais moins connu, que les graisses des viandes sont le principal site de stockage des arômes : si le bœuf a le goût de bœuf, c'est que sa graisse contient les arômes caractéristiques du bœuf. Si le mouton a un goût de mouton, c'est parce que sa graisse renferme les principes aromatiques du mouton, et si les petits oiseaux – alouettes, rouge-gorge, ortolans, etc. – ont leur goût si fin, c'est que leur graisse contient aussi les molécules caractéristiques de ces becfigues*.

Comment obtenir un bouillon parfumé, alors que les composés aromatiques sont dans les graisses, lesquelles sont éliminées après la cuisson, quand elles ont figées ?

D'abord notons que les composés insolubles dans l'eau ne le sont jamais totalement : en présence d'huile et d'eau, ils se partagent en une certaine proportion dans les deux corps. Pour extraire de l'huile un composé peu soluble dans l'eau, il suffit donc d'agiter l'huile en présence de beaucoup d'eau. Puis, quand l'extraction a été faite, on élimine l'huile et on concentre l'eau... et les parfums.

En pratique, on fera confiance à Brillat-Savarin pour obtenir un bon bouillon, même si ses indications savantes ne le sont que d'apparence : «L'eau dissout d'abord une partie de l'osmazôme ; puis l'albumine, qui, se coagulant avant le 50e degré de Réaumur, forme l'écume qu'on enlève ordinairement ; puis, le surplus de l'osmazôme avec la partie extractive, ou jus ; enfin, quelques portions de l'enveloppe des fibres, qui sont détachées par la continuité de l'ébullition.

«Pour avoir de bon bouillon, il faut que l'eau s'échauffe lentement, afin que l'albumine ne se coagule pas dans l'intérieur avant d'être extraite ; et il faut que l'ébullition s'aperçoive à peine, afin que les diverses parties qui sont successivement dissoutes puissent s'unir intimement et sans trouble».

La science moderne confirme-t-elle ces préceptes ? Elle nous apprend que les fibres musculaires (les cellules qui composent les muscles) sont composées de deux protéines essentielles à la contraction, l'actine et la myosine, «enrobées» dans des fibres de collagène :

---

* Les Gourmands savent bien que les arômes des viandes sont dans leur graisse. Notamment, pour cuire de petits oiseaux, ils les habillent d'une barde de lard, les embrochent et les font cuire devant un feu, au-dessus de tranches de pain qui recueillent les tombées et sur lesquelles on écrase ensuite le foie. Ainsi la graisse qui tombe n'est pas perdue, mais récupérée sur le pain.

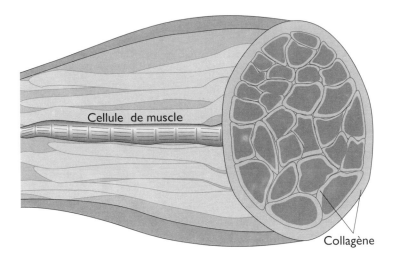

Cellule de muscle

Collagène

C'est le collagène qui rigidifie la viande et qui la rend dure ; c'est pour attendrir le collagène que l'on cuit les viandes longtemps dans de l'eau. Lors d'une longue cuisson, le collagène passe progressivement dans le bouillon, en même temps qu'il est partiellement décomposé. Ainsi extrait-on la gélatine des viandes (ou des os, de la peau et des tendons, où la gélatine est abondante)★.

Pourquoi, alors, le bœuf bouilli d'un pot-au-feu conserve-t-il cette texture fibreuse ? Parce que, si le collagène est solubilisé, les protéines de l'intérieur des fibres musculaires coagulent et sont insolubilisées.

Pourquoi ne doit-on pas couvrir un bouillon que l'on prépare ? Parce qu'il se troublerait, savent les chefs. Mais pourquoi se troublerait-il ? Je l'ignore. Comment clarifier un bouillon qui serait troublé ? En y battant du blanc d'œuf, qui coagule autour des particules qui troublent notre bouillon. Et pourquoi la cuisson doit-elle être progressive ? Je l'ignore encore.

Pourquoi enfin les molécules volatiles de la viande ne s'échappent-elles pas du bouillon, au cours de la lente préparation ? Là est le nœud de toute l'affaire : certaines molécules volatiles – et aromatiques – quittent effectivement le bouillon, mais elles réagissent aussi, elles «caramélisent» disait Brillat-Savarin, qui n'avait pas entièrement tort : la réaction de Maillard et d'autres réactions de brunissement engendrent, au cours de la cuisson, de nombreuses molécules sapides qui enrichissent le bouillon. Le

★ C'est cette même gélatine qui, présente dans les glaces, les demi-glaces, et divers fonds, sert à lier les sauces sans œufs ni roux, ni purée de légumes, ni sang, enfin.

goût de ce dernier est surtout le fruit de la cuisson : comparez un jour une pièce de viande macérée dans l'eau froide, où les réactions de brunissement n'ont pas eu lieu, et un bouillon préparé selon les bons vieux principes !

Maigrit-on en ne mangeant que des viandes bouillies ?

Grave question, à notre époque, où nous manquons souvent de l'exercice physique qui nous autoriserait à moins de retenue à table. Nous avons vu que la viande contient des protéines en abondance, mais aussi des graisses, qui lui donnent son goût désirable. Pourrait-on conserver ce goût en bouillant la viande ?

Dans une viande rouge chauffée à 150 degrés ou dans une viande blanche chauffée à 240 degrés, les graisses fondent et sortent de la chair. En cuisant, la viande se débarrasse de ses graisses. Ce qu'on reproche parfois aux grillades, c'est précisément ces graisses qui l'enrobent, parce qu'elles en sont sorties.

Remédierait-on au problème en bouillant les viandes ? Pas sûr ! La température maximale, dans un bouillon, est de 100 degrés, de sorte que les graisses fondent moins, et sortent plus difficilement de la viande. En contrepartie, les sels minéraux et les composés aromatiques des cellules de viande risquent de sortir de la pièce de viande pour passer dans le bouillon. Au total, on obtient une nourriture moins goûteuse... et aussi moins saine.

Mieux vaut éponger les grillades avec un papier absorbant. On conservera du goût (celui que la grillade aura engendré et non celui des graisses, qui auront été éliminées) en préservant la ligne.

L'ÉTOUFFÉE

Attendrir sans perdre d'arômes ?

Une viande bouillie est attendrie, certes, mais elle n'a plus de goût : nous avons vu au chapitre précédent que la partie dure, le tissu conjonctif et, surtout, le collagène, se détruisent en réagissant avec l'eau, mais que les molécules aromatiques et sapides passent de la viande dans le bouillon ; ne subsistent que des fibres insipides.

Ne pourrait-on conserver son goût à la viande tout en l'attendrissant ? C'est le principe de la cuisson à la vapeur, peu différente de la cuisson à l'étouffée, cuisson prolongée dans une atmosphère saturée en vapeur d'eau. Lors de cette opération, la casserole agit comme une papillotte. Le même principe est en œuvre dans le barbecue texan, où la viande, posée sur une grille dans un gros bidon empli de braises, cuit parfois pendant deux jours à seulement 70 degrés.

Pour l'étouffée, il suffit ainsi de faire macérer longtemps l'aliment dans de la vapeur. Naturellement, plus cette vapeur est chaude, et plus la cuisson est rapide : l'ébullition, de ce fait, doit être tumultueuse. Toutefois l'aliment doit être au-dessus du liquide, sans quoi on obtiendrait un bouilli : *horresco referens* !

Souvent les recettes indiquent de faire revenir la viande avant d'ajouter le liquide et un peu de sel. Ce n'est pas un mauvais principe : d'une part, on commence ainsi l'attendrissage, lors de cette première cuisson à température élevée, et, surtout, on favorise les réactions de Maillard et de brunissement qui engendrent les arômes caractéristiques des viandes grillées.

Puis on place simplement la viande en hauteur, dans le panier d'une cocotte minute que l'on ne porte pas sous pression, par exemple, et l'on cuit longuement : quatre à cinq heures pendant lesquelles le collagène se dénature, se déforme, se dissout. La méthode est spécialement adaptée aux plats où l'on souhaite mettre en valeur des arômes tels ceux d'un bouquet garni : on place les herbes, épices et aromates dans le liquide, de sorte que leurs composés aromatiques soient extraits par la vapeur d'eau (l'extraction par la vapeur est une méthode de séparation des composés largement utilisée par l'industrie chimique), entraînés autour de la viande, et recyclés ; portés à une température qui ne dépasse pas 100 degrés, ils ne sont pas dégradés, et imprègnent progressivement la viande.

De surcroît, la graisse qui ruisselle de la viande tombe dans le liquide : la ligne y trouve son compte. N'oublions pas un procédé aussi avantageux.

LE
BRAISAGE

De la viande pour cuire la viande !

La Grande cuisson de la Grande cuisine du Grand pays de la cuisine, c'est le Braisage. Dans cette opération de transformation qui s'effectue dans un récipient clos, avec peu de liquide, on fait absorber le liquide par la viande plutôt que laisser s'échapper les principes de la viande vers le jus : l'étouffée était un premier pas vers l'enrichissement aromatique des viandes ; voici le second.

Avant toute chose, rappelons-nous la rengaine de la cuisine : donner du goût et attendrir. Dans le braisage, ces deux opérations s'effectuent en deux temps : une cuisson à feu vif, qui brunit la viande en surface et crée des arômes par les réactions de Maillard ; puis une phase d'attendrissage très longue, à feu très doux. Le résultat est à la hauteur des efforts : la viande, merveilleusement parfumée, fond sous la dent.

On croit souvent que les braisés exigent des soins immenses et cette crainte pousse souvent à substituer des rôtis aux braisés. Ce n'est pas nécessairement un bon calcul : si l'on s'y prend méthodiquement, un braisé ne demande pas plus d'attention qu'un rôti, et le succès est certainement plus sûr. Ce qui est vrai, toutefois, c'est que les braisés imposent quelque dépense : la viande d'un braisé cuit dans les sucs sapides d'une autre viande.

Le principe du braisé, ainsi, est de cuire tout en nourrissant la viande d'un jus corsé. Elle est loin, la cuisson dans l'eau ! Ce n'est pas seulement le genre de cuisson qui constitue le braisage, mais tout autant ce qu'on met dans la casserole : bardes de lard, jus, vin, eau de vie, pour donner de la succulence à la pièce qu'on y faire cuire. Cette succulence est le but véritable du braisage, celui vers lequel tendent toutes les opérations et les diverses méthodes. Selon le grand Carême★, braiser, c'est «mettre des bardes de lard dans le fond d'une casserole et, par-dessus, des tranches de viande. Ensuite on y dépose soit une oie, un dindon, un gigot, une pièce de bœuf ou autres choses semblables. Puis on ajoute des

---

★ Marie-Antoine, ou Antonin Carême naquit dans une famille très pauvre en 1783, à Paris. Livré à la rue dès l'âge de dix ans, il eut la chance d'être recueilli par un gargotier qui lui apprit la cuisine. Frappé par ses dons et sa volonté d'apprendre, le maître pâtissier qu'il eut vers l'âge de 16 ans l'aida à étudier et lui ouvrit l'accès du Cabinet des estampes de la Bibliothèque nationale, où il copia des modèles d'architecture qui, réalisés en pâtisserie, firent l'admiration du Premier Consul. Après avoir dirigé les cuisines de Talleyrand, du prince régent d'Angleterre, du tsar Alexandre Ier, de la cour de Vienne, de l'ambassade d'Angleterre, de la princesse Bagration, de lord Stewart et du baron de Rotschild, il mourut à l'âge de 50 ans «brûlé, dit-on, par la flamme de son génie et par le charbon des rôtissoires». Ce «Larmartine des fourneaux» publia des sommes sur la cuisine de son temps, se faisant un des pionniers de la cuisine dite monumentale, dont Urbain Dubois fut le principal représentant.

tranches de viande et des bardes de lard, deux carottes par fragments, six moyens oignons, un bouquet garni, basilic, macis, mignonette, un rien d'ail ; puis un demi-verre de vieille eau de vie et deux grandes cuillerées de consommé ou de bouillon. Ensuite couvrez de papier fort, beurré, et faites cuire feu dessus et dessous.»

Ces indications ne sont pas une marche à suivre exacte, mais plutôt une idée de la philosophie du braisage. Raisonnons pour comprendre la recette : dans une grande casserole fermant et allant au four, on dépose un corps gras (de l'huile ou de la graisse d'oie, par exemple), une couche d'oignon, une couche de rondelles de carottes, du jambon, la pièce de bœuf qui sera mangée, des bardes de lard, une autre couche de jambon, une autre couche de carottes, une dernière couche d'oignon. Sans couvrir, on passe l'ensemble à four très chaud. Puis on ajoute du bouillon, du jus de viande, du vin blanc et éventuellement de l'eau de vie. On replace alors au four très doux le plat couvert, de telle façon que le braisé soit animé d'un tout petit frémissement. En fin de cuisson, on récupère le jus restant et on le lie à l'aide d'un roux léger ; puis on dépouille la sauce, tandis que la viande reste au chaud.

Que se passe-t-il lors du braisage ?

Le principe du braisé, répétons-nous, est de nourrir la viande d'un jus corsé. Que signifie «nourrir la viande d'un jus corsé» ? Intuitivement nous avons l'idée du jus qui s'introduit dans la viande, mais l'observation de la viande prouve que le volume n'a pas augmenté. Que s'est-il alors passé ? Le maître mot, dans cette affaire, est celui d'osmose.

Il s'agit de physique simple qu'une expérience familière révèle : quand on dépose une goutte de liquide coloré dans de l'eau pure et qu'on abandonne l'ensemble quelque temps, on découvre que le colorant s'est finalement réparti dans tout le liquide :

Les molécules de colorant, agitées de mouvements incessants, ont, au hasard des chocs avec les molécules d'eau, gagné l'ensemble de l'eau, et leur concentration s'est égalisée dans toute la solution. Ce phénomène de diffusion est très général : dans un milieu où les mouvements moléculaires sont possibles, les composés se répartissent progressivement de façon que leur concentration soit partout égale.

Compliquons un peu l'expérience en divisant un tube en U par une membrane qui ne laisse passer que l'eau et qui arrête les molécules plus grosses, telles celles de colorant. Afin de se répartir partout également, l'eau ira dans le compartiment contenant le colorant afin d'égaliser sa concentration ; en revanche, les molécules de colorant resteront dans leur compartiment initial, parce qu'elles seront arrêtées par la membrane. Finalement le compartiment qui contenait initialement le colorant gagnera un peu d'eau, de sorte que les niveaux seront différents. Ce phénomène est celui de l'osmose :

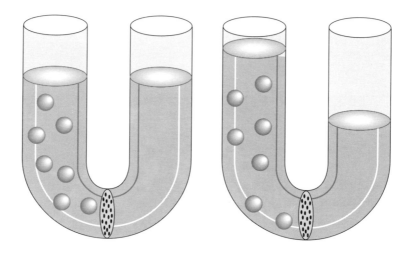

Dans la viande en cours de braisage, ce phénomène est à l'œuvre de la façon suivante : la viande est un ensemble de cellules, c'est-à-dire de petits compartiments qui contiennent des sels et sont limités par la membrane cellulaire. De ce fait, l'osmose favorise le passage des composés aromatiques des zones où leur concentration est faible aux zones où leur concentration est élevée : si la viande baigne dans un jus corsé, les molécules aromatiques des carottes, des poireaux, des oignons, etc. passent dans la viande, tandis que les arômes de viande restent dans la viande parce que le jambon et le lard sur lequel repose la pièce principale ont libéré les mêmes constituants que ceux qui auraient risqué de sortir du bœuf. L'eau ne migre pas notablement ni de la viande vers le jus, ni du jus vers la viande, car sa concentration dans le jus et sa concentration dans la pièce à braiser sont quasi égales.

Un braisé sans sauce ?

Un braisé sans sauce ? Ce serait un crime contre la Gourmandise. De fait, la sauce d'un braisé n'est pas difficile à préparer : ou bien le jus est assez lié, naturellement, pour figurer dans une saucière, ou bien une liaison par l'ajout d'un peu de fécule, de roux ou de beurre manié achève la préparation de ce plat délicieux et fondant.

Rappelons qu'un roux se prépare par cuisson très lente de farine dans du beurre : le mélange du beurre et de la farine doit former des cloques qui se soulèvent doucement, puis retombent. Le roux est prêt à recevoir le liquide qu'il liera quand il a une belle couleur noisette ou brun clair, selon le goût souhaité. Après que le jus a été ajouté au roux, un dépouillement achève la préparation de la sauce : on chauffe très longtemps la sauce épaissie, en ne posant qu'un coin de la casserole au contact du feu, afin qu'une seule cellule de convection brasse le liquide ; on écume, au sommet de cette cellule, afin d'éliminer toutes les particules solides qui troublent la sauce. Cette opération, en éliminant les corps gras et la farine en excès, a l'avantage immense de procurer un produit sain en même temps que goûteux.

On emploie un beurre manié quand on n'a pas le temps de faire un roux : on mélange à la fourchette du beurre et de la farine, et l'on dépose dans le liquide que l'on veut lier, bouillant, des noisettes du beurre manié.

POULE
AU POT...

... pot-au-feu, blanquette

Comment les saler ?

Quand doit-on saler un pot-au-feu, une blanquette ou une de ces poules au pot du bon roi Henri ?

Faites l'essai si vous ne vous êtes pas déjà frotté à la difficulté : un jour où vous disposez d'un peu plus de temps que d'habitude, cuisez le plat en double et testez expérimentalement l'effet du sel : dans deux casseroles que vous chauffez de façon identique, placez les mêmes ingrédients en quantités égales, mais salez une des casseroles avant la cuisson, et l'autre après. Vous verrez bientôt la différence... et l'importance de l'osmose considérée en détail au chapitre précédent.

Le problème est le suivant : si l'on ne sale pas le plat, pièce de viande dans de l'eau pour l'essentiel, les sels minéraux passent dans la solution où baigne cette dernière. En fin de cuisson, la viande est insipide. Au contraire, si l'on sale en début de cuisson, c'est la sauce qui manque de corsé, parce que les sucs de la viande sont restés dans la viande.

Vous agirez donc conformément à l'esprit du plat que vous préparez. Si vous voulez enrichir le bouillon, ne salez qu'en fin de cuisson. Si vous voulez conserver une viande de haut goût, salez d'emblée. Et si vous souhaitez une bonne poule au pot, avec une sauce de haut goût, salez un peu avant la fin, de sorte que les sucs soient harmonieusement répartis dans les deux composantes du plat.

QUESTIONS
DE PRESSION

Pourquoi cuire à la cocotte ?

La cocotte minute, ou cocotte pression, est une anti-montagne : en altitude, l'air se raréfie, la pression est inférieure à la pression au niveau de la mer, de sorte que les molécules d'eau, par exemple, quittent plus facilement la masse du liquide où elles se trouvaient. Au total, l'eau s'évapore à une température inférieure à 100 degrés.

Au contraire, dans une cocotte, l'eau qui s'évapore en début de cuisson augmente progressivement la pression dans la cocotte, de sorte que les molécules d'eau sortent plus difficilement du liquide : la température d'ébullition de l'eau est augmentée. En pratique, les cocottes actuelles sont conçues de sorte que l'eau y bouille à 130 degrés environ.

Cette augmentation de la température d'ébullition a des avantages : les réactions chimiques s'effectuent environ trois fois plus vite dans l'eau à 130 degrés que dans de l'eau bouillant à 100 degrés. La cuisson des légumes, par exemple, est bien plus rapide.

En revanche, la cocotte a des inconvénients qui la font condamner par les cuisiniers. D'abord, on ne voit pas ce qu'il s'y passe et l'on maîtrise plus difficilement la cuisson : cinq minutes de trop, en cocotte, sont comme un quart d'heure de temps dépassé en cuisson traditionnelle. D'autre part, certaines réactions auxquelles participent l'air de la cuisine, dans une cuisson en casserole découverte, ne s'effectuent pas dans une cocotte hermétiquement close.

En outre, toutes les réactions ne sont pas accélérées de la même façon par l'augmentation de température : notamment le ramollissement des fibres végétales est plus accéléré que la perméabilisation des parois des cellules végétales : les légumes sont attendris, mais ils restent fades. Pour certains, un rôti en cocotte est un pis aller ; pour d'autres, il est un plat de choix : ils soutiennent que le rôti en cocotte est moins sec que le rôti au four.

Ne soyons pas ici des juges de la cocotte : comprenons seulement son principe.

Une cuisson à la montagne ?

Puisque nous avons évoqué la cuisson sous forte pression, pourquoi ne pas évoquer aussi la cuisson sous pression réduite.

Que ceux qui souffrent de vertige se rassurent : je ne les invite pas en altitude. Seulement je leur propose un appareil simplissime, la trompe à eau, qui réduit la pression du récipient auquel il est raccordé. Présentes dans tous les laboratoires de chimie, les trompes à eau sont de simples tubes que l'on branche sur un robinet qui laisse couler l'eau lentement (profitez-en pour arroser vos herbes aromatiques, par exemple). Ce tuyau comporte une branche latérale où l'on adapte un tuyau en plastique, dont la seconde extrémité peut être raccordée à l'ouverture d'une cocotte minute où vient habituellement se loger la soupape de sécurité. En coulant, l'eau aspire l'air et crée un vide partiel dans la cocotte : en raison du phénomène évoqué au début de ce texte, la température d'ébullition est abaissée. Les réactions chimiques sont, cette fois, ralenties de diverses façons : des goûts nouveaux apparaissent.

Cet ingénieux montage de Nicholas Kurti a été notamment testé lors du premier Colloque international de gastronomie moléculaire et chimique, mais ses résultats restent à étudier. On sait qu'un bouillon réduit sous faible pression a un goût différent, mais il reste à trouver les cas où ces goûts s'imposent.

Cuisinières, cuisiniers, à vous de jouer !

LE
RÔTISSAGE

La succulence, premier principe

Cuisson courte qui n'a pas pour but d'attendrir la viande, le rôtissage est réservé aux morceaux de choix qui proviennent d'animaux jeunes et tendres. Il laisse aux viandes l'intégrité de leur fumet caractéristique, n'apportant qu'une touche délicate, en surface. A cœur, le rôti de bœuf, par exemple, est encore saignant, mais l'abondance du jus, préservé dans les chairs, inonde la bouche de saveurs délicates quand le morceau passe sous la dent.

Un rôti ne conserve sa succulence que s'il est saisi : le four doit être préchauffé, la viande doit être enduite d'huile, qui conduit mieux la chaleur que l'eau et, idéalement, la vapeur doit être éliminée. Sans expulser trop de jus, la chaleur engendre de nouveaux composés aromatiques en détruisant les membranes cellulaires de la surface, en mélangeant ainsi les contenus des divers compartiments cellulaires, qui réagissent entre eux : les lipides (les graisses), les acides aminés, les sucres se lient en grosses molécules colorées, aromatiques et sapides...

La tradition française veut que le bœuf, par exemple, soit rôti de telle façon que l'intérieur reste saignant : on badigeonne d'huile ou de beurre la surface de la viande afin que, saisie plus rapidement, elle forme cette pellicule croustillante tant prisée des Gourmands.

Longtemps, on a cru que se formait ainsi une couche imperméable, qui aurait bloqué la fuite du jus, mais des expériences de mon ami Harold McGee, à Palo Alto, ont démontré que le jus s'échappe malgré tout : s'il faut cuire les rôtis à four chaud, c'est afin de limiter le temps de cuisson et, du même coup, le temps pendant lequel le jus s'échappe. Lorsque la pièce sortira du four, tendre, parfumée et juteuse, elle attendra quelques instants, afin que le jus du cœur se répartisse vers les parties asséchées de la périphérie, puis elle sera coupée avec un bon couteau, qui ne l'écrasera pas et conservera le jus en son cœur.

Autre pays, autres mœurs : les Anglais sont réputés pour leurs viandes bouillies, mais aussi pour leur rôtis très cuits. De l'autre côté de la Manche, un rôti reste honorable quand la température de son cœur atteint 60, voire 80 degrés ! Chez nous, la température du cœur ne dépasse parfois pas 30 degrés.

Comment la viande rôtie cuit-elle ?

Nous avons marché rapidement : souvenons-nous des paragraphes consacrés à la cuisson et convoquons tour à tour les divers types de transfert de chaleur afin de savoir lequel fait nos rôtis. Nous en retiendrons trois : par rayonnement, par convection (l'air chaud assure la répartition de la chaleur dans le four), et par conduction (dans l'intérieur de la viande).

Comment faut-il cuire ? Apprenons tout d'abord que la conductivité thermique de la viande diminue considérablement avec la température : la viande conduit très mal la chaleur (c'est un isolant thermique) aux basses températures (vers 0 degrés, par exemple), mais elle devient plus conductrice aux températures supérieures. Examinons les conséquences de ces propriétés en analysant la cuisson d'une dinde de Noël.

La dinde de Noël

Comment cuire correctement une dinde ? La sphéricité de la dinde n'a pas manqué d'intéresser les physiciens, qui savent calculer les transferts de chaleur à l'intérieur des corps de forme simple. En 1947, H. Carslaw et J. Jaeger ont étudié la relation entre le rayon d'une dinde idéale, sphérique, et le temps de cuisson. Ils ont supposé qu'une dinde était un mélange d'eau, de graisses et de protéines dans les proportions 60/20/20 et ils ont cherché le temps de cuisson optimal.

Pourquoi le temps de cuisson importe-t-il ? Quand on rôtit la dinde, ses fibres se contractent jusqu'à ce que, vers 70 degrés, les cellules individuelles des muscles commencent à se dégrader. Lors du chauffage, les liaisons les plus faibles entre les atomes de certaines molécules sont rompues, de sorte que les protéines sont dénaturées : ces longs fils repliés sur eux-mêmes dans des configurations spécifiques se déroulent et s'agitent en tous sens. Parce que les protéines peuvent alors venir au contact les unes des autres, elles se lient, coagulent. La viande durcit, mais peu.

Toutefois quand la cuisson se prolonge trop, l'eau qui restée liée aux protéines est expulsée, et la viande devient dure. Inversement nous avons vu à plusieurs reprises que, plus la cuisson est longue, plus le réseau dur de collagène est dégradé. Au total, celui ou celle qui cuit une dinde doit trouver un compromis afin de dégrader le collagène, tout en évitant que les protéines, après qu'elles ont coagulé vers 70 à 80 degrés, ne s'assèchent et ne durcissent.

Les calculs de la cuisson

Puisque l'on souhaite une viande juteuse et tendre, on voit pourquoi il n'est pas question d'ouvrir le four en cours de cuisson : la vapeur qui s'est dégagée en quantité limitée pourrait s'échapper et être ensuite remplacée, par vaporisation d'une certaine quantité de jus : ouvrir le four assèche la dinde. Notons toutefois qu'il n'est pas question d'humidifier le four avant d'y introduire la bête : en présence de trop d'eau, l'eau de surface ne pourrait pas s'évaporer, et la peau ne deviendrait pas croustillante.

Ayant ainsi résolu le problème de la surface, il nous reste le grave problème de la tendreté de l'intérieur : ne décevez pas vos convives qui redoutent la sécheresse proverbiale de la dinde de Noël.

Puisque cette tendreté résulte nécessairement de la dégradation du tissu conjonctif, intéressons-nous à ce dernier. Il contient principalement trois sortes de protéines : le collagène, déjà maintes fois rencontré, la réticuline et l'élastine. Ni la réticuline ni l'élastine ne sont notablement modifiés par la chaleur du four, mais les triples hélices que sont les molécules de collagène peuvent se dissocier et former la gélatine, qui est molle quand elle est dans l'eau, comme chacun sait.

Le calcul du temps de cuisson demande une certaine habileté, car la dénaturation du collagène et la coagulation des protéines des muscles (actine et myosine, principalement) ont lieu à des températures différentes et à des vitesses différentes dans les diverses parties de la dinde. On doit savoir que la température de 70 degrés est indispensable pour transformer le collagène en gélatine et attendrir les muscles. Toutefois plus la dinde reste longtemps à haute température, plus elle perd d'eau et plus ses protéines risquent de coaguler. Le temps optimal de cuisson, par conséquent, est le temps minimal pour que la température atteigne 70 degrés au centre de l'animal.

Le problème, ainsi défini, se simplifie, car les physiciens connaissent bien la transmission de la chaleur dans des matériaux, fussent-ils des tissus animaux. Ils font le calcul en supposant que la température est homogène, que l'animal est cylindrique, homogène, etc. et ils aboutissent à des résultats précis, mais complexes, où interviennent le rayon de l'animal, le coefficient de diffusion thermique, la température dans la dinde et la température du four.

Heureusement il existe un moyen plus simple de calculer le temps de cuisson des dindes : appliquer la relation de Fick, qui stipule que le temps de chauffage, pour que le centre d'une dinde atteigne une température donnée, est proportionnel au carré du rayon de la dinde. Comme la masse d'une sphère est proportionnelle au cube de son rayon, on peut déterminer le temps de cuisson en appliquant la formule simple :

$$t = (M/M_0)^{2/3} t_0.$$

Mon ami Peter Barham, physicien et gastronome moléculaire de Bristol, a étalonné cette équation et calculé les valeurs suivantes :

• à 180°C, une dinde de 5 kilogrammes doit cuire 2 heures et 25 minutes, et une dinde de 7 kilogrammes doit cuire 3 heures ;

• à 160°C, une dinde de 5 kilogrammes doit cuire 3 heures et 35 minutes, et une dinde de 7 kilogrammes doit cuire 4 heures et 30 minutes.

On devient cuisinier mais on naît rôtisseur

Cet aphorisme de Brillat-Savarin est une paraphrase d'un vieil adage latin : *poeta nascitur, orator fit* («on devient orateur, mais on naît poète»). Terminons ce chapitre en essayant de le faire mentir et, à cette fin, analysons succinctement les règles classiques du rôtissage.

Nous voulons obtenir une viande à point, c'est-à-dire joliment colorée, aux chairs toutes atteintes par la cuisson mais suintantes de jus au découpage. Pour conserver le jus, raccourcissons le temps de cuisson en plaçant la pièce à rôtir dans un four préchauffé, aussi chaud qu'il est possible (trop chaud, il carbonise la viande).

Comme dans le cas du pot-au-feu, n'assaisonnons les rôtis qu'après la cuisson complète, quelques instants avant de retirer la pièce de la broche ou du four, parce que, déposé sur la viande, le sel y ferait sortir de l'eau, qui ferait obstacle au rissolage des chairs et assécherait l'intérieur (par le phénomène d'osmose). De même, ne poivrons qu'en fin de cuisson : le poivre surchauffé communiquerait aux viandes un goût fort et déplaisant.

Piquons la viande de lardons ou enrobons-la dans une crépine ou dans des bardes de lard, qui faciliteront le rissolage en libérant de la graisse, laquelle améliorera les transferts de chaleur et protégera contre une éventuelle chaleur excessive.

Souvenons-nous enfin que le seul vrai rôtissage est à la broche, car c'est le seul moyen d'obtenir que toutes les parties soient également en contact de la chaleur ; une pièce posée sur un récipient métallique, par exemple, cuit plus vite aux points de contact qu'ailleurs.

La farce et la sauce

Pendant que notre dinde rôtit lentement, examinons la cuisson de la farce dont nous l'avons garnie.

N'oublions pas que la farce, placée là où la température est inférieure, cuira plus difficilement que la dinde. C'est notamment pour cette raison que les farces sont souvent des hachis mêlés d'œuf : ainsi préparée, la viande qui emplit la dinde est une masse cohérente : les 70 degrés atteints au centre, en fin de cuisson, suffisent à coaguler l'œuf et à lier les divers composants de la farce.

D'autre part, afin d'éviter la carbonisation de la couche externe de la pièce à rôtir, arrosons-la toutes les trois minutes environ avec la graisse fondue (pas de liquide qui amollirait la croûte externe !). Celle-ci fait écran, arrêtant certains rayonnements. Parfois on protège le rôti en posant dessus un papier enduit d'huile, mais l'arrosage est plus efficace. Naturellement on ne commence l'arrosage que lorsque la couche croustillante de surface est créée.

La graisse qui ruisselle sur la viande tombe dans le fond de la lèchefrite en entraînant un peu des sucs caramélisés* de la viande.

En fin de cuisson, on récupère ce jus délicieux, que l'on nomme la glace : une fois le plat sorti du four, on enlève la viande, on verse un peu d'eau bouillante dans le plat, et l'on dissout ainsi ces sucs, les sels minéraux sortis de la viande, et la gélatine qui émulsionne la graisse. En fouettant un peu, on obtient directement une sauce liée, de bonne consistance.

Au cas où la sauce ne s'émulsionnerait pas et resterait composée de deux phases, on peut la réhomogénéiser simplement à l'aide d'une feuille de gélatine.

Notons enfin que le déglaçage de la lèchefrite peut se faire également, selon les rôtis, au vin, au lait, à la crème diluée, au cognac, à votre bon plaisir...

---

* Notons à nouveau qu'il ne s'agit pas vraiment de caramel : le caramel résulte de la cuisson du sucre, alors que les sucs bruns des viandes sont formés par des réactions de Maillard et consorts.

LES
FRITURES

Pourquoi faut-il frire dans beaucoup d'huile ?

Tous les cuisiniers savent que la friture est une cuisson par contact avec de l'huile chaude ; ils savent que cette opération engendre une croûte dorée, mais ils redoutent l'huile chauffée qui jaillit, qui graisse la cuisine et dont le noircissement progressif est à l'origine du goût et de l'odeur de graillon. Et voilà que nos Diafoirus modernes crient haro sur le baudet : j'entends par là que la Faculté condamne les fritures pour des motifs diététiques.

Les fabricants de matériel électroménager ont déjà supprimé les deux premiers inconvénients des fritures, en inventant des friteuses munies d'un filtre et où l'opération s'effectue en vase clos. Existe-t-il un moyen de supprimer le dernier inconvénient, de concilier le plaisir des fritures et le souci de santé, voire de ligne ? Comment bien frire ? Quelle huile utiliser pour une friture ?

Le principe de la friture est simple : la poêle chauffée transmet sa chaleur à l'huile, dont la température peut s'élever bien au-dessus des 100 degrés que l'on atteint au maximum avec de l'eau. Portées à ces température très élevées, les molécules de la surface des pièces à frire engendrent, en coagulant, le croustillant caractéristique des bonnes fritures. Avez-vous remarqué que la surface d'une pièce frite semble sèche ? C'est que l'humidité de surface, portée vivement à une température supérieure à 100 degrés, a été évaporée.

Comment obtenir une belle friture ? En utilisant de l'huile aussi chaude que possible, car si la croûte ne se forme pas très vite, l'huile pénètre dans la pièce qui y est placée et l'imbibe.

Mieux encore, la température initiale doit être d'autant plus élevée que la pièce à frire est grosse : en chauffant, cette dernière refroidit l'huile où elle est déposée. Une grosse pièce refroidit plus l'huile qu'une petite. Comme la température maximale de l'huile est limitée, une bonne solution, lors de la cuisson d'une grande quantité d'aliments, est l'utilisation d'une grande quantité d'huile, où une grande quantité de chaleur sera stockée.

Ce serait une grave erreur d'utiliser peu d'huile de friture sous prétexte que l'on craint qu'elle n'imbibe les pièces à frire : au contraire, ces dernières friraient dans une huile trop froide et ne seraient pas saisies ; elles deviendraient d'abominables éponges à huile.

Il est important de savoir également que l'huile ne supporte pas un chauffage excessif : de même que du beurre trop chauffé noircit, charbonne, une huile exagérément chauffée se dégrade. Un bon «friturier» doit se souvenir que les huiles n'ont pas toutes la même capacité de supporter le chauffage.

Faites l'expérience de prendre une huile et de la chauffer vivement : elle dégagera finalement une forte odeur aigre et une fumée piquante : un composé nommé acroléine est à l'origine de cette âcreté que le cuisinier doit éviter. Il peut aujourd'hui se reposer sur l'industrie agro-alimentaire, qui se préoccupe de produire pour lui des huiles spéciales pour la friture, c'est-à-dire des huiles qui ont un «point de fumée» aussi élevé que possible.

Pourquoi l'huile de friture doit-elle rester propre ?

Même la plus belle fille du monde ne peut donner que ce qu'elle a ; même la meilleure huile ne fait de bonne friture que si on la ménage.

On sait que les huiles usagées fument dès que la température s'élève tant soit peu : elles ont perdu leurs propriétés fritantes, parce qu'elles se sont progressivement chargées de petites particules, de viande par exemple, qui cuisent dès 70 degrés, noircissent au-delà en dégageant des composés âcres. La solution s'impose : une huile qui doit être réutilisée doit être filtrée, afin de rester limpide.

Ce même phénomène de carbonisation des protéines empêche que l'on utilise le beurre, sans préparation, pour la friture : dès la température de 45 degrés, le beurre fond ; vers 65 degrés, il crépite (il rend son eau) ; puis il chauffe jusqu'à 120 degrés, température à laquelle il se décompose sauf... si l'on a pris la précaution de le «clarifier».

Bien que simple, la clarification du beurre est une opération qui se perd, dans les ménages. De quoi s'agit-il ? D'éliminer du beurre les protéines (surtout la caséine) qu'il contient, afin d'obtenir une matière grasse aussi pure que possible et qui supportera un bon chauffage sans noircir : ce sont les protéines du beurre qui, se décomposant à basse température, noircissent et donnent un goût de charbon, en même temps qu'elles favorisent la décomposition des lipides du beurre.

Et l'on a beau dire, une friture faite à l'aide d'un bon beurre clarifié est un plaisir de vrai gastronome. Notons en passant que ce même beurre clarifié sera très utile pour bien d'autres préparations, telles les grillades.

Comment s'y prend-on pour clarifier le beurre ? Il s'agit de placer du beurre dans une casserole et de chauffer longtemps et très doucement. Après environ 30 minutes, la caséine précipite : le surnageant (le beurre clarifié), que l'on récupère en le versant simplement dans le récipient où on le conservera, garde les qualités sapides et aromatiques du beurre initial.

Pourquoi les pièces à frire doivent être sèches

Nous avons vu que l'huile de friture doit être en quantité abondante, parce que l'inertie thermique d'un corps chauffé est proportionnelle à sa masse : la pièce froide que l'on introduit dans l'huile chauffée refroidit moins cette dernière si l'huile est en grande quantité.

N'oublions pas non plus que la pièce à frire doit être divisée, si possible, afin que l'intérieur ait le temps de cuire avant que ne commence une carbonisation des molécules de surface.

N'oublions pas, enfin, que les aliments placés dans l'huile chaude doivent être secs : premièrement ce serait une perte de chaleur inutile si l'huile devait d'abord évaporer l'eau à la surface de la pièce à frire, avant d'effectuer la friture proprement dite. Et, deuxièmement, on évite les projections de graisses quand les aliments à frire sont secs : quand de l'eau est soudainement plongée dans de l'huile à une température bien supérieure à sa température de vaporisation, elle se transforme très vite en vapeur et, en se dilatant violemment, projette l'huile environnante.

Que frire ?

Ne nous lançons pas dans une énumération fastidieuse, mais notons que la consistance friable et croquante, la coloration dorée et la saveur caractéristique des fritures sont dues en partie à la coagulation des protéines et à la «caramélisation» des glucides (sucre et amidon) au cours de la friture. Voici pourquoi les pommes de terre étaient prédestinées : elles comportent en surface les sucres et l'amidon qui se transforment favorablement.

Pourtant on peut rater la préparation de pommes de terre frites quand on place dans l'huile des morceaux trop gros ou trop nombreux : la graisse (qui fume vers 190 degrés environ) est refroidie vers 130 degrés et reste à cette température tant que les pommes de terre ne sont pas cuites. D'où une méthode en deux temps : on dépose les pommes de terre dans l'huile bouillante, on les retire dès que l'huile semble s'être refroidie (quand la cuisson est moins vive), puis on les replace dès que l'huile fume à nouveau.

Pour les aliments qui ne comportent pas de glucides en surface, la chapelure est un bon palliatif, puisqu'elle provient de la farine, qui est essentiellement composée de glucides. Comme la chapelure ne colle pas à la viande, par exemple, il faut toutefois tremper la pièce à frire dans de l'œuf battu avant de la saupoudrer de chapelure. L'œuf joue le rôle de liant des grains de chapelure, et il apporte aussi les protéines qui réagissent chimiquement avec les súcres par la réaction de Maillard (encore elle !).

On peut améliorer le procédé et éviter que, sous l'action d'un coup de fourchette, la croute formée ne se détache : on passera la viande dans la farine, puis dans l'œuf et enfin dans la chapelure ; la couche de chapelure coagulée s'accolera à la viande à cause de l'empois d'amidon formé. La méthode est encore plus efficace si l'on pique préalablement la pièce à frire avec une fourchette : l'œuf et la farine pénétreront par les trous, et ancreront la couche grillée dans la pièce à frire.

SAUTÉS ET GRILLADES

Un braisé très chaud

Rigoureusement on ne devrait nommer sauté que la cuisson de viande, poisson ou légume dans un corps gras, à bonne chaleur, à découvert et sans l'adjonction d'aucun liquide. En pratique, cependant, cette première phase de cuisson doit, pour les grosses pièces, être suivie d'une cuisson plus douce, récipient ouvert, où une vapeur aromatique parachève le sautage initial. Un vrai sauté diffère d'un braisé en ceci que, le récipient ouvert, aucune vapeur ne limite la température de cuisson : celle-ci, comme la friture, s'effectue à température supérieure aux 100 degrés de l'ébullition de l'eau.

Pour les sautés, le corps gras est de toute première importance. Pour obtenir un bon sauté de viande, de légumes ou de poisson, le beurre clafirié s'impose, car, outre ses qualités aromatiques, il supporte sans brûler une température supérieure à celle du beurre naturel. Pourquoi atteint-on également des températures élevées en mêlant de l'huile à du beurre non clarifié ? Je l'ignore, mais la recette est fréquemment donnée.

Pour les grillades, également, la cuisson s'effectue, bien que sans huile, à température élevée : la viande repose directement au contact du gril. Pour améliorer le contact et le transfert de chaleur, on peut badigeonner la pièce à griller avec un peu d'huile ou de beurre clarifié.

Le *Larousse gastronomique* et de nombreux autres ouvrages culinaires prétendent que la caramélisation superficielle des protéines des viandes, le croûtage, forme une couche imperméable qui emprisonne les sucs nutritifs ; nous avons vu qu'il n'en était rien, et nous y reviendrons dans le prochain paragraphe. En revanche, il est conseillé de ne pas saler ni piquer la viande afin d'éviter la perte du jus. Ces indications ne vous rappellent-elles pas celles qui étaient données à propos des rôtis ?

Le bon sens en défaut

Si l'ajout de sel est certainement à éviter, parce que le phénomène d'osmose fait sortir le jus de la viande, si le piquage est nuisible parce qu'il crée des canaux où le jus s'écoule, le croûtage est un mythe dû au chimiste allemand Justus von Liebig. Au 19e siècle, Liebig comprit que la chaleur coagulait les protéines de la surface de la viande. Cependant il extrapola, supposant que la croûte coagulée emprisonnait le jus ; l'idée que la cuisson à feu vif puisse «cautériser» la viande et limiter la perte de jus, non démontrée, passa rapidement en Angleterre, puis aux États-Unis, et revint finalement en France, où elle règne aujourd'hui indûment.

Plusieurs observations effectuées par Harold Mc Gee★, à Palo Alto montrent toutefois la fausseté de l'hypothèse. Premièrement, un steak grillé siffle pendant qu'il cuit : c'est le signe qu'un liquide – le jus – sort de la viande et qu'il est vaporisé : le bruit est celui de la vapeur qui fuse.

Deuxièmement, même si l'on sort le steak de la poêle, le plat où on le pose contient bientôt du jus : celui-ci est sorti de la viande, alors que la cuisson était terminée. Ainsi, la couche prétendue imperméable l'est bien peu.

Troisièmement, si l'on déglace la poêle avec du vin, par exemple, c'est pour dissoudre les sucs qui sont sortis du steak pendant la cuisson et qui ont délicieusement caramélisé.

Quatrièmement, de la vapeur se dégage pendant toute la cuisson : qu'est-ce sinon du jus qui se vaporise ?

Au total, nous devons admettre que le jus sort de la viande pendant la cuisson même si la surface est saisie dès le début de la cuisson : cette dernière, en contractant les tissus conjonctifs qui entourent les fibres musculaires, provoque l'expulsion du jus.

Comment alors conserver le maximum de jus dans la viande grillée ou sautée ? Une solution consiste à ne pas cuire trop, naturellement : moins le tissu conjonctif est contracté, moins le jus est expulsé. Un deuxième principe consiste à cuire à feu vif : ainsi la cuisson est rapide, et le jus n'a pas le temps de sortir de la viande en quantité trop importante. Troisièmement on évitera de saler et de piquer, pour les raisons précédemment exposées. Enfin, on mangera la viande grillée sans attendre, au sortir de l'opération de cuisson : ainsi le jus n'aura pas le temps de se déverser dans le plat de service.

Incidemment, si une sauce est servie avec la grillade, elle doit être un peu plus épaisse que nécessaire, car elle risque d'être diluée par le jus qui sortira immanquablement dans l'assiette.

★ Harold Mc Gee, non content d'avoir publié son étonnant livre *On food and cooking,* a présenté des investigations culinaro-scientifiques dans un deuxième livre très intéressant : *The Curious cook,* Editions North Point Press, 1990.

ENCORE
PLUS TENDRE

Entre la dureté et la putréfaction

Une viande fraîche est dure ; progressivement elle s'attendrit, puis se putréfie. Comment la conserver dans l'état précaire où elle n'impose pas de mastication excessive ni ne dégage d'insupportable odeur, révélatrice d'une putréfaction sanitairement nuisible ? Nos aïeux ont inventé de nombreux procédés de longue conservation : fumage, salage, séchage, mais le cuisinier d'aujourd'hui, qui peut se fournir à tout moment chez le boucher de son quartier, lequel commercialise des morceaux exactement maturés, n'a plus à résoudre les problèmes de longue conservation. Il cherche principalement, à partir d'une viande maturée de façon contrôlée, à obtenir une viande tendre après la cuisson.

L'examen des pot-au-feu nous a montré l'importance d'une longue cuisson dans un liquide, afin de dégrader les fibres de collagène qui durcissent les viandes. D'autres procédés aboutissent au même résultat : le faisandage, la marinade et la «protéolyse» ont des attraits qu'il serait dommange de méconnaître.

Par le cou ou par le bec ?

Relisons Brillat-Savarin : «Au-dessus du précédent [la bécasse] et même de tous les autres devrait se placer le faisan ; mais peu de mortels savent le présenter à point. Un faisan mangé dans la première huitaine de sa mort ne vaut ni une perdrix ni un poulet, car son mérite consiste dans son arôme.»

Comment pouvons-nous accéder aux sommets atteints par le Maître ? Interrogez autour de vous : vous entendrez que le faisandage est une opération abominable, que les Anciens mangeaient de la viande pourrie, que le faisan était consommé quand, après avoir été suspendu par le cou, il tombait, la tête s'étant détachée du corps en raison de la putréfaction. Et quoi, encore ? Serions-nous là, aujourd'hui, si nos aïeux s'étaient volontairement intoxiqués au faisan ? Et qui a vu, de ses yeux vu, le faisandage d'un faisan suspendu par la tête ?

Une recherche bibliographique m'a montré que le faisandage ne suit pas une règle absolue, mais que le bon sens s'impose. Tout d'abord, les grands cuisiniers de jadis ne préconisaient pas de suspendre le faisan par le cou, ni même par le bec, mais par les plumes de la queue : le faisan étant un animal généralement lourd, il tombe bien avant d'être putréfié.

Un second précepte est que l'animal doit faisander encore revêtu de ses plumes, qui le protègent des insectes et des autres bestioles qui menacent notre festin. Enfin la durée du faisandage dépend de la température et du temps qu'il fait. De même que l'on voit des poissons de mer «tourner» quand ils ne sont pas vidés et que survient un orage, un faisan ne doit faisander que deux ou trois jours quand le temps est humide, mais peut rester dans un courant d'air frais pendant dix jours lorsque le temps s'y prête. On prétend que, lors de l'opération, un suc spécial qui est présent dans le tuyau des plumes est résorbé dans les chairs... Cela mériterait d'être étudié expérimentalement.

Brillat-Savarin, dont on dit que ses collègues magistrats étaient incommodés par l'odeur de faisandage qui l'accompagnait (il aurait mis les faisans dans ses poches pour les faire évoluer), a écrit que «le faisan est une énigme dont le mot n'est révélé qu'aux adeptes». Comment devenir un adepte ? Comment cuire un faisan qu'un soin attentif a porté au point où il devient supérieur à un bon poulet ?

Selon Grimod de la Reynière, «le faisan se sert à la broche, revêtu d'une feuille de papier, beurrée convenablement. On l'en dégage ensuite pour lui faire prendre une belle couleur, chose peu ordinaire aux souverains ; puis on l'accompagne d'une sauce au verjus, avec poivre et sel». Aujourd'hui, au lieu de verjus, ou jus de raisins verts, on peut mettre un filet de citron, sel et poivre.

Combien de jours pour les marinades ?

Si le faisandage convient au faisan et à ses cousins à plumes, la marinade s'applique plutôt à de grosses bêtes à poil, tel le sanglier, souvent coriace, au mouton, au bœuf.

Le procédé est simple : on fait reposer la viande dans un mélange de vin, d'huile, de vinaigre, d'épices, de condiments divers, de quelques légumes (ce bain peut être préalablement cuit). Avec le temps, la viande s'attendrit et se parfume. Une cuisson ultérieure fait le plat : soit grillade, soit rôtissage, soit cuisson dans le liquide de marinade lui-même, soit tout ce que l'on voudra...

Quels sont les paramètres principaux de la marinade ? Le vinaigre, les arômes, la durée.

Le vinaigre est un acide, qui attaque les tissus conjonctifs et les déstructure : voilà pourquoi la viande s'attendrit. Naturellement la pièce ne sera attendrie que là où les chairs auront été atteintes par le liquide de marinade.

Quelle est la vitesse de progression du front liquide ? On la suit facilement en plongeant verticalement une pièce de viande cylindrique dans une marinade et en coupant chaque jour la tranche supérieure de la viande : on voit directement jusqu'où la marinade s'est introduite. Une telle expérience a montré que la vitesse de progression de la marinade dans la viande est de l'ordre de 10 millimètres par jour.

D'autres expériences, d'ordre plus culinaire, conduisent à des résultats épatants : un rôti de porc mariné peut être confondu avec un gigot de marcassin ; du mouton peut passer pour du chevreuil.

Que vous vouliez tromper vos invités ou non, servez les viandes marinées avec une gelée de groseille : c'est délicieux.

L'ananas qui dissout

Ayant exploré diverses méthodes d'attendrissage, mon respectable ami Nicholas Kurti dont je vous ai déjà entretenu, a démontré le vendredi 14 mars 1969, lors d'une séance de la *Royal Institution* où la BBC avait été conviée, que l'injection de jus d'ananas frais dans un rôti de porc procure un attendrissage absolu.

Une lubie d'Anglais ? Pas tout à fait, car premièrement Nicholas Kurti, s'il est professeur de physique à Oxford et membre de la très ancienne et vénérable *Royal Society* de Londres, est d'origine hongroise. Longtemps détenteur de la plus basse température atteinte (un millionième de degré au-dessus du zéro absolu, soit environ 273 degrés au-dessous de la température de congélation de l'eau), Nicholas Kurti est un passionné de cuisine. Avec son expérience publique, il voulait démontrer la puissance des enzymes du jus d'ananas, et confirmer expérimentalement une méthode prônée par les Aztèques.

Les enzymes sont des molécules qui favorisent les diverses réactions du vivant. On en trouve dans toutes les cellules vivantes et, notamment, dans le jus d'ananas ou de papaye frais. Ces enzymes spécifiques de l'ananas ou de la papaye (respectivement la broméline et la papaïne) ont une particularité : elle sont protéolytiques, c'est-à-dire qu'elles dégradent les protéines. Or la viande, nous l'avons vu à plusieurs reprises, est composée de nombreuses protéines ; notamment le collagène, responsable de la dureté des viandes, est une protéine.

Nicholas Kurti montra comment utiliser les propriétés utiles de ces enzymes pour préparer une viande : il pressa un ananas frais, plaça le jus dans une seringue hypodermique et injecta le jus d'ananas dans un rôti de porc (dans une moitié seulement afin de pouvoir comparer le résultat de l'action des enzymes). Il laissa le rôti reposer quelques instants, afin que les enzymes aient le temps d'agir ; puis il mit la pièce au four et la laissa cuire moins longtemps qu'il n'était nécessaire pour obtenir une cuisson de la partie non traitée.

Ressortant le rôti du four, il le coupa en tranches : la moitié qui n'avait pas reçu de jus d'ananas était encore de ce rose insuffisamment cuit caractéristique du porc, bien que la viande fût recouverte d'une croûte croustillante. En revanche, de l'autre côté, les chairs étaient presque réduites en purée : parfaitement cuites. Naturellement la viande avait un net goût d'ananas, mais n'existe-t-il pas une recette de porc à l'ananas ?

Médecine et cuisine

«De tes aliments, tu feras ta médecine», disait Hippocrate. En attendant que les nutritionnistes modernes aient parfaitement défini les aliments qui assureront notre santé et notre longévité, empruntons-leur un de leurs instruments : la seringue.

Celle-ci, utilisée par Nicholas Kurti pour injecter son jus d'ananas, peut également améliorer le procédé de la marinade : pendant que la viande marine, prélevez de la marinade à intervalles réguliers, et injectez-la à la seringue dans l'intérieur de la pièce. Le résultat est superbe, car la marinade s'effectue cette fois de l'intérieur vers l'extérieur, et le temps de préparation peut être raccourci.

De surcroît, de nombreux livres de cuisine mentionnent qu'une viande marinée ne doit pas être rôtie, sous peine de s'assécher. C'est exact, selon mes expériences, mais le procédé d'injection de la marinade au cœur des viandes évite ce défaut.

LA
SALAISON

Pourquoi les nourrissons ne doivent-ils pas être nourris de saucissons ?

Ces nitrates que les écologistes accusent de polluer les cours d'eau sont présents dans les aliments conservés par salaison !

Le nitrate de potassium, c'est-à-dire le salpêtre, est ainsi utilisé empiriquement depuis le Moyen Age, voire depuis Rome. En 1891, le biologiste M. Polenski montra que des bactéries le transforment en nitrite dans la viande. Puis en 1899, on comprit que la couleur caractéristique des produits de salaison était due à ces nitrites, et non aux nitrates eux-mêmes. En 1901, le biologiste J. S. Haldane trouva que cette couleur résultait de la combinaison du groupe chimique NO avec les pigments de la viande. Enfin, en 1929, on observa que les nitrites inhibent le développement des bactéries. La description est aujourd'hui complète : la salaison, avec l'emploi de salpêtre, est un procédé de conservation efficace, parce que les ions nitrate du salpêtre sont transformés en ions nitrite, lesquels tuent les bactéries.

Malheureusement les nitrites ne sont sans doute pas dépourvus de toxicité pour l'homme : avec les acides aminés qui composent les protéines, ils réagissent et forment des nitrosamines cancérogènes. Les nourrissons, notamment, ne doivent pas absorber de nitrites, car ces composés sont oxydants : ils transforment l'hémoglobine du sang en méthémoglobine, qui ne transporte plus l'oxygène. Les adultes possèdent une enzyme nommée méthémoglobine réductase, qui retransforme la méthémoglobine en hémoglobine, mais les nourrissons, qui n'ont pas encore l'enzyme de protection, doivent attendre avant de s'adonner aux saucissons, viandes séchées, etc.

Comment sécher des viandes avec du sel ?

Si le sel nitrité est disponible dans le commerce, il faut toutefois savoir que les nitrites ne sont pas indispensables à la salaison à domicile : une saumure et un séchage bien conduits font l'affaire. Le sel d'une saumure agit par le phénomène d'osmose déjà envisagé : quand on place une pièce de viande dans une terrine qui contient un peu d'eau et beaucoup de gros sel, l'eau des cellules animales tend à sortir de la viande jusqu'à ce que la concentration en sel soit égale à l'intérieur et à l'extérieur des cellules : le sel ne rentre pas dans les cellules, mais l'eau, petite molécule, est mobile.

Asséchée, la viande durcit en surface, et dans cette viande sans eau, les bactéries se développent difficilement. Pourquoi doit-on placer un peu d'eau dans la terrine ? Du gros sel ne suffit-il pas ? Avec un peu d'eau, la viande est toute entière baignée, de sorte que le contact avec le sel est amélioré.

Après quelque temps d'un tel traitement, la viande est sortie de la saumure, et séchée. Pour bien réussir l'opération de séchage, il est conseillé de placer la viande dans un endroit sec et largement aéré. Un grenier sans isolation, balayé par les courants d'air, fait l'affaire, de même qu'une cave froide et sèche. La viande durcit et, après quelques temps, on la consomme avec l'immense plaisir d'un mets longuement préparé et attendu.

LES
MICRO-ONDES

Une cuisson à la vapeur interne

Traitée par les micro-ondes, la viande de bœuf est rejetée par les jurys de dégustation, qui lui reprochent sa couleur externe grisâtre, l'uniformité de sa couleur interne, sa fermeté, son manque de succulence, son goût fade. Et ils ont raison : les fours à micro-ondes sont réglés de façon que les micro-ondes pénètrent dans la masse des aliments sur plusieurs dizaines de millimètres, avant d'être absorbées par les molécules d'eau. Celles-ci sont chauffées, puis vaporisées : la température ne dépasse pas 100 degrés. Or, nous l'avons vu, un chauffage de ce type est rédhibitoire pour les viandes, qui doivent être fortement chauffées pour brunir lors de réactions de Maillard et consorts.

En revanche, les micro-ondes cuisent bien les œufs, par exemple, dont les protéines coagulent dès 60 degrés. Placé dans un bol sans une once de corps gras, l'œuf cuit rapidement ; son goût est acceptable, et la ligne y trouve son compte. Les œufs brouillés, les œufs à la coque, les omelettes et même les soufflés peuvent être ainsi cuits. Pour les poissons, également, les micro-ondes sont utiles, car elles chauffent efficacement le court-bouillon où le poisson aurait été déposé. De même, les légumes pourront cuire dans l'eau bouillante, chauffée par les micro-ondes.

Où agissent les micro-ondes ?

Revenons aux principes afin de bien comprendre où agissent les micro-ondes. Le cœur des fours à micro-ondes est un appareil nommé magnétron, qui émet des ondes électromagnétiques (c'est-à-dire des vibrations de l'espace analogues à la lumière ou aux ondes radio, mais de longueur d'onde différente) de fréquence égale à 896 mégahertz : en chaque point de l'espace traversé par un faisceau micro-ondes, le champ électrique et le champ magnétique oscillent 896 millions de fois par seconde.

Sans précautions, de telles ondes chaufferaient l'eau de notre organisme et nous feraient bouillir ; aussi les guide-t-on à l'aide d'un tube en aluminium jusque dans le four, étanche aux ondes (notamment les grilles métalliques, telle celles qui garnissent les portes de four à micro-ondes, arrêtent les micro-ondes).

Quand un aliment est irradié par des micro-ondes, celles-ci font vibrer et tourner les molécules qui possèdent une asymétrie électrique, telles les molécules d'eau. Ces mouvements des molécules excitées sont gênés par les autres molécules, non excitées, de sorte que l'ensemble est mis en mouvement, c'est-à-dire chauffé. Progressivement les molécules excitées se désexcitent par collision avec les molécules environnantes, au hasard de leurs mouvements. Comme la plupart des aliments contiennent une grande quantité d'eau, ils sont chauffés parce que cette eau est excitée. En outre, ce sont surtout les parties des aliments qui contiennent le plus d'eau qui sont le plus chauffées. D'où la recette de canard à l'orange indiquée en page 8.

Quelques questions et une réponse

Pourquoi les fabricants de four à micro-ondes ont-ils ajusté la fréquence des micro-ondes de telle façon qu'elle soit un peu inférieure à la fréquence à laquelle l'eau absorbe le mieux les ondes ?

Parce que si l'on veut cuire à l'intérieur des aliments aussi bien qu'à l'extérieur, il faut que les micro-ondes ne soient pas absorbées dès les premières couches d'aliment. Si l'eau de la surface n'absorbe qu'une partie des micro-ondes reçues, le reste se propagera dans l'intérieur des aliments, où une autre partie sera absorbée.

Pourquoi des aliments salés chauffent-ils plus vite que des aliments non salés, dans un four à micro-ondes ? Parce que le sel apporte des ions, et que les molécules d'eau qui hydratent ces ions, en les entourant, s'échauffent plus vite que les molécules d'eau isolées.

Pourquoi la viande cuite aux micro-ondes devient-elle brun-gris ? Parce que la température reste un peu inférieure à 100 degrés : l'oxymyoglobine n'est pas dénaturée et conserve sa couleur.

Enfin, pour la bonne bouche, je tiens à rappeler que l'on prépare très facilement du caramel au four à micro-ondes. Prenez un petit bol ; placez-y du sucre et un peu d'eau ; chauffez. Le caramel se fait rapidement sans aucune difficulté.

LES LÉGUMES

Couleur et fraîcheur

Histoire d'eau

Les légumes, fleurons de la cuisine ! N'ont-ils pas donné leur nom aux grandes familles romaines : Fabius, en l'honneur de *faba*, la «fève» ; Lentulus en l'honneur de la lentille ; Piso en l'honneur du pois ; Cicero en l'honneur du pois chiche.

Ils doivent être mangés frais pour être bons : la terre où ils ont été cultivés, le climat qui leur a donné le jour chantent alors en bouche... si leur cuisson ne les a pas maltraités. Cette cuisson est délicate : combien de temps faut-il les cuire pour les attendrir suffisamment ? Doivent-ils être jetés dans de l'eau froide ou dans de l'eau chaude ? L'eau de cuisson doit-elle être salée ? Comment conserver leurs couleurs éclatantes, qui semblent la marque de leur fraîcheur ?

Avant de nous lancer dans l'examen de cette dernière question, souvenons-nous qu'un légume très frais est généralement tendre ; la cuisson n'est pas d'une immense utilité ; en revanche, pour certains légumes âgés, voir secs, comme le sont les lentilles, une réhydratation s'impose.

Dans les deux cas, le mode de cuisson est très différent, puisque dans le premier, on cherche à conserver l'humidité émolliente du légume, et dans le second, on cherche à réintroduire une eau qui a été perdue.

Comment éviter la décoloration des légumes verts quand on les cuit ?

Le vert intense qu'acquièrent les végétaux après quelques secondes de cuisson dans de l'eau bouillante résulte du dégagement de gaz piégés dans les espaces entre les cellules végétales :

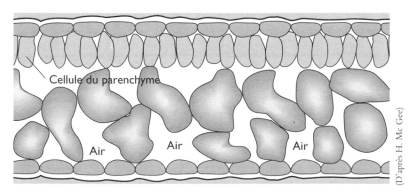

(D'après H. Mc Gee)

Généralement ces poches d'air agissent comme des loupes, qui mettent en valeur la couleur des chloroplastes, les organites verts qui assurent la transformation du dioxyde de carbone en oxygène.

Toutefois la cuisson d'un légume dure généralement plus de quelques secondes : elle fait disparaître l'air qui présentait les légumes sous leur meilleur jour ; des épinards cuits trop longtemps brunissent ; l'oseille également ; les poireaux perdent leur verdeur, etc. Comment conserver une coloration appétissante ?

Les premiers à avoir avancé dans l'explication du phénomène ont été les cuisiniers de l'Antiquité, qui avaient observé que les légumes verts restaient bien verts quand du salpêtre avait été ajouté dans l'eau de cuisson. Pourquoi ?

Quand on chauffe un légume vert, certaines de ses cellules éclatent, libérant divers acides organiques. Les ions hydrogène de ces acides réagissent avec les molécules de chlorophylle (qui donnent aux végétaux verts leur couleur), parce que ces molécules contiennent un gros motif chimique carré, le groupe porphyrine, dont le centre est occupé par un atome de magnésium. Or les ions hydrogène ont la mauvaise manie de prendre la place de l'ion magnésium de ce groupe porphyrine et de transformer ainsi la molécule en phéophytine, qui absorbe différentes composantes de la lumière : au lieu de retenir tous les rayonnements lumineux sauf ceux de couleur verte, la phéophytine réfléchit un mélange de longueurs d'onde qui donne la sensation d'un abominable brun.

Cette analyse débouche sur une solution : ne pas chauffer trop longtemps, mais intensément, et ne pas couvrir le récipient où s'effectue la cuisson, afin que les acides libérés s'évaporent en même temps que la vapeur d'eau ; le magnésium restera davantage dans sa cage porphyrine.

Quelques corollaires s'imposent également : pour garder la verdeur des légumes, on évitera les cocottes et l'on préférera la cuisson à la vapeur, où les légumes, hors de l'eau, ne sont pas en contact d'ions hydrogène. Si l'on cuit dans l'eau, on utilisera de grandes quantités d'eau, afin que la concentration en acides soit faible. Enfin on évitera absolument d'ajouter du vinaigre dans l'eau de cuisson de légumes verts : on accroîtrait le mal que l'on veut éviter.

Naturellement des cuisiniers inventifs ont pensé à cuire les végétaux verts en présence de sels, qui apporteraient des ions susceptibles d'occuper la place que pourraient prendre les ions hydrogène. Ainsi on a cuit des légumes verts en présence de sels de cuivre ou de zinc : le vert est resté intense... mais les végétaux sont devenus toxiques !

On a également pensé à ajouter une base dans l'eau de cuisson, afin de neutraliser les acides dès leur formation. Cette solution était déjà connue des Romains : Apicius*, fameux pour ses extravagances gastrono-

---

* On raconte qu'il avait frété un navire pour chercher en Tunisie des crevettes, grosses, lui avait-on dit, comme la main ; quand il arriva et qu'il en vit des spécimens, il repartit déçu, sans même aborder.

miques, écrivait : *Omne holus smarugdinum fit, si cum nitro coquantur,* c'est-à-dire «Tous les légumes verts seront colorés en émeraude s'ils sont cuits avec du nitre». Hélas le nitre, ou salpêtre, gâte le goût.

Combien de temps faut-il cuire des légumes ?

N'espérez pas une réponse universelle à une telle question : des asperges fraîches cuiront moins longtemps que des asperges conservées un ou deux jours après la cueillette ; quel que soit leur état de fraîcheur, les asperges ne se cuisent pas aussi longtemps que des pommes de terre... Cependant, comme souvent, une analyse du problème nous guide dans nos opérations de transformation culinaire.

L'objectif est d'attendrir les légumes, dont les cellules sont, contrairement aux cellules animales, protégées par une paroi fibreuse, dure. Affaiblie par la cuisson (la cellulose n'est pas modifiée chimiquement, mais les pectines et l'hémicellulose le sont), la paroi devient poreuse, et la dénaturation de ses protéines fait perdre à ces dernières leur capacité de régler les mouvements de l'eau de l'intérieur des cellules vers l'extérieur ou en sens inverse : l'eau peut traverser les parois, tandis que les grosses molécules sont bloquées.

On comprend alors que si l'on place les légumes dans de l'eau non salée, ils gonflent parce que l'eau entre dans les cellules végétales, en raison du phénomène d'osmose. En revanche, si l'eau de cuisson est trop salée, les légumes durcissent (particulièrement les carottes) parce que l'eau n'entre pas dans les cellules pour y réduire la concentration en sel, au contraire.

Le mystère des légumes secs

Le cas des légumes secs est un peu à part, car l'objectif est alors d'y faire rentrer toute l'eau qu'ils ont perdu quand ils ont séché. Conformément à notre analyse précédente, on comprend que l'eau de cuisson ne devra pas être salée. Toutefois ce précepte n'est pas suffisant, et les cuisiniers ont mis au point une méthodologie précise pour obtenir de bons résultats.

La première opération doit être un trempage, qui vise à ramollir la pellicule externe du légume et à faciliter la cuisson ultérieure. Souvent deux heures de trempage suffisent à obtenir un ridement de la pellicule. L'eau tiède semble préférable à l'eau froide, car le trempage est alors accéléré ; elle est ensuite remplacée pour la cuisson.

L'eau de cuisson ne doit pas être calcaire parce que, dit-on, une couche de calcaire qui se dépose sur les pelures des légumes les durcit et les empêche de cuire. Des auteurs comme Madame Saint-Ange préconisent, quand l'eau est calcaire, d'ajouter du bicarbonate de soude. Pourquoi ? On attend l'explication.

Il est également écrit que la cuisson doit être progressive : le principe est rationnel, car une cuisson trop rapide, dès le début, cuirait trop la partie externe, qui deviendrait une purée avant que le centre des légumes ne soit cuit. De même, on évitera d'ajouter de l'eau froide si l'eau de cuisson vient à manquer : la brusque discontinuité thermique ferait éclater la peau des légumes, qui perdraient leur contenu dans l'eau de cuisson.

Les carottes risquent-elles de perdre leur couleur en cuisant ?

Non, si l'on y prend garde. Il faut savoir que les couleurs des légumes proviennent de divers pigments : la chlorophylle (pigment vert), les caroténoïdes (jaunes, oranges et rouges) et les anthocyanines (rouges, pourpres ou bleus). Si les légumes verts sont verts, c'est parce qu'ils contiennent de la chlorophylle. Si les carottes sont orange c'est parce qu'elles contiennent surtout des caroténoïdes.

Or les caroténoïdes, solubles dans les graisses mais insolubles dans l'eau, sont peu modifiés par la cuisson dans l'eau bouillante : normalement les carottes restent colorées (il en est de même pour les tomates). Autrement dit, les carottes sont facilement cuites... tant qu'on n'utilise pas la cocotte minute : la pression qui s'y accumule déforme les molécules de caroténoïdes, qui perdent alors leur couleur.

Comment cuire les pommes de terre ?

Les pommes de terre contiennent des grains d'amidon, qui deviennent mous, gonflés et gélifiés quand ils sont placés dans de l'eau à des températures comprises entre 58 et 66°C. La pomme de terre parfaitement cuite est pleine de ces grains gonflés, tendres, et dont la température a atteint 66°C en tous endroits.

Les pommes de terre sautées sont meilleures quand elles sont ainsi cuites à l'eau pendant quelques instants et qu'elles ont acquis une couche superficielle gélifiée ; pendant la cuisson, cette couche empêche les grains d'amidon d'absorber trop d'huile, tandis que la couche externe peut être chauffée à 160°C. L'amidon qu'elle contient se dégrade et réagit, comme nous l'avons vu au chapitre des fritures, laissant place à une enveloppe croustillante et dorée.

Peut-on réchauffer un plat contenant des légumes en le recuisant dans le beurre ?

Recuire des légumes dans du beurre est souvent une erreur, car le beurre, en cuisant, fait huile dans la sauce, à moins que, par un moyen ou un autre, on ait pris la précaution de l'émulsionner. De surcroît, si le plat contient des légumes sautés, ceux-ci gratinent et se dessèchent. On doit plutôt employer de l'eau, en infime proportion, afin de compenser la perte de celle qui figurait dans la préparation initiale.

Naturellement si l'on dispose d'un four à micro-ondes, le problème du réchauffage ne se pose plus : quelle belle invention !

Pourquoi les choux-fleurs ne doivent-ils pas trop cuire ?

Les divers légumes de la famille du chou (la moutarde, les choux de Bruxelles, les choux-fleurs, les brocolis, les navets...) contiennent des composés soufrés, analogues à certains précurseurs aromatiques des oignons.

Cependant ils sont liés à des molécules de sucre, et inodores tant qu'ils n'ont pas été mis en contact avec une enzyme qui les transforme en composés aromatiques. Cette enzyme est inactive dans les conditions d'acidité des tissus végétaux normaux. Cependant, quand les tissus sont brisés, les enzymes viennent au contact des précurseurs aromatiques, détachent les parties sucre et libèrent les composés odorants. L'arme chimique nommée gaz moutarde est une préparation synthétique de tels dérivés (qui appartiennent à la famille des isothiocyanates).

Les légumes de la famille du chou ont été parmi les premiers qui furent analysés, parce que leur odeur persistante et forte, à la cuisson, avait laissé penser qu'ils contenaient des composés odorants. On découvrit ainsi, à partir de 1928, que les extraits de ces légumes, et leurs dérivés avec la cystéine (un acide aminé), se dissocient en divers composants odorants, notamment en sulfure d'hydrogène, en mercaptans et en sulfure de méthyle. Finalement ces composés réagissent les uns avec les autres pour former des trisulfures.

Plus les végétaux de la famille du chou sont cuits longtemps, plus ces molécules sont abondantes et plus l'odeur s'aggrave : notamment la quantité de sulfure d'hydrogène produite lors de la cuisson du chou-fleur double entre la cinquième et la septième minute de cuisson. Toute la maison empeste rapidement.

Choisissez le temps de cuisson selon la tendreté que vous aimez trouver dans le chou-fleur, mais ne dépassez pas trop cette limite !

Pourquoi les fèves sont-elles flatulentes ?

Le raffinose, un sucre présent dans les pois et dans les fèves, par exemple, est un sucre composé d'un enchaînement de trois cycles chimiques : un fructose, un glucose et un galactose. Le sucre de table que nous mangeons, composé de glucose et de fructose, est décomposé par des enzymes digestives en ses cycles constitutifs, lesquels sont métabolisés. En revanche, nous n'avons pas d'enzyme capable de métaboliser le galactose : il passe non décomposé dans le gros intestin, où il est assimilé par la flore intestinale (notamment la bactérie *Escherichia coli*). Les micro-organismes de cette flore libèrent de l'hydrogène, du dioxyde de carbone et du méthane. Ce sont trois gaz, qui gonflent le ventre et engendrent les manifestations bruyantes bien connues...

Un bon moyen d'éliminer le galactose de nos légumes consiste à les faire germer, car l'opération engendre de la galactosidase, une enzyme qui détruit le galactose. On peut aussi les tremper, et éliminer les eaux de trempage et de cuisson.

Les miracles fermentaires de la choucroute

On le sait, la choucroute est produite par la fermentation du choux dans une saumure, où le développement de certaines bactéries pathogènes est bloqué, tandis que se développent d'autres organismes, tels *Leuconostoc mesenteroides*, puis *Lactobacillus plantarum*. Lors de ce développement, les bactéries consomment du glucose et rejettent de l'acide lactique, qui donne son goût à la choucroute.

L'acide lactique $C_3H_6O_3$ est la moitié d'une molécule de glucose $C_6H_{12}O_6$. Il se forme par fermentation anaérobie (en l'absence d'oxygène) de sucre et de glucose, et il est responsable des courbatures musculaires, après un long effort où les muscles ont manqué d'oxygène.

De même, l'acide lactique se retrouve dans le lait, quand celui-ci a été colonisé par des bactéries qui profitent de son sucre, le lactose, et le dégradent en rejetant de l'acide lactique. Ce dernier, en augmentant l'acidité du lait, le fait coaguler : ainsi se forment les yaourts. De même, l'acide lactique est responsable du goût caractéristique des pickles et autres conserves dans le vinaigre.

La pratique de la choucroute ? D'une enfantine simplicité : on place du chou dans du sel, et on complète avec de l'eau, afin d'obtenir une salinité voisine de 2,25 pour cent. A la température de 18 à 21 degrés, la bactérie *Leuconostoc mesenteroides* croît et libère notamment l'acide lactique ; puis quand la concentration en acide lactique atteint un pour cent, *Leuconostoc mesenteroides* est remplacée par *Lactobacillus plantarum*. La bonne acidité est atteinte après deux semaines et demie environ.

Le mûrissement des tomates

Achevons notre pérégrination au soleil, par l'examen des tomates, délicieuses mais éphémères. D'abord vertes, elles parviennent, sous les feux du soleil, à un état mûr, juteux et aromatique... qui ne dure pas, car le pourrissement est rapide. On a estimé que la moitié des tomates produites finissent gâtées. Quel dommage !

Pourrait-on contrôler le mûrissement et éviter le pourrissement ? Sans doute, car dans les tomates normales, le mûrissement est précédé par une augmentation de la respiration des cellules végétales, et par une augmentation de la production d'éthylène, une molécule organique simple qui agit telle une hormone.

M. Oller et ses collègues de l'Université d'Albany viennent de montrer que l'éthylène est une cause et non un effet du mûrissement. Autrement dit, un moyen de ralentir le mûrissement des tomates consiste à les placer dans un endroit très aéré, afin que l'éthylène produit par les tomates ne stagne pas à leur contact.

LES SAUCES

Onctueuses, satinées, parfumées...

Ni un jus, ni une purée

Les poètes grecs, avant de chanter les héros de Troie ou les aventures d'Ulysse, invoquaient les Muses, qui devaient garantir la vérité de leur délire poétique. Chantre moderne d'une des principales parties de la cuisine – les sauces – j'invoque Ali-Bab, cet ingénieur français du début du siècle qui, au retour de ses nombreux voyages dans le monde entier, offrit aux Gourmands les fruits de sa longue expérience itinérante. Sa *Gastronomie pratique* mérite bien mal son nom, mais son paragraphe sur les sauces doit être mis en exergue : «Les sauces sont des combinaisons alimentaires liquides, liées ou non liées, qui servent d'accompagnement à certains mets.»

«Les sauces liées, de beaucoup les plus importantes, se composent toutes d'un fond plus ou moins succulent, assaisonné, et d'une liaison. Le nombre de fonds de sauce est considérable, celui des aromates est très grand, et il y a beaucoup de façons de lier une sauce ; aussi, dans ces conditions, il est facile de comprendre que, le nombre des combinaisons possibles étant pour ainsi dire infini, il y a là une véritable mine pour le chercheur.»

Qu'enseigne cette citation ? Que les sauces sont liées à des degrés divers, mais qu'une sauce n'est généralement ni un jus ni une purée. Avec leur consistance hautement civilisée, parfois sirupeuse, parfois crémeuse, les sauces, toujours aromatiques et sapides, doivent avoir une certaine tenue pour napper les poissons, les viandes, les légumes, l'entremets.

Le précepte est implicite chez Ali-Bab : les maîtres mots de la sauce sont «consistance» et «arômes». Examinez les diverses recettes de sauces que vous avez déjà exécutées et vous verrez que, toujours, sont présents les deux éléments de base : un fond aromatique et une liaison.

Si le problème des arômes n'est pas l'apanage de ce chapitre, celui de la consistance, tout à fait crucial, a été bien peu évoqué jusqu'ici. Deux résultats scientifiques récents, obtenus respectivement par des chercheurs de Dijon et de Nantes, finiront de nous convaincre de son importance.

A Dijon, tout d'abord, le physico-chimiste de l'Institut national de recherches agronomiques Patrick Étiévant a proposé à des jurys de dégustation diverses confitures de fraises où des quantités variables de gélifiant avaient été ajoutées afin d'obtenir des fermetés variables ; un même lot de fruits avait été employé, et la composition chimique fut analysée pour toutes les confitures testées. Verdict : plus les confitures sont fermes, moins elles ont de goût.

D'autre part, à la station INRA de Nantes, Michel Laroche et René Goutefongea ont étudié des mousses de foie dans lesquelles, par souci d'allègement, ils avaient remplacé une partie des corps gras par un hydrocolloïde, c'est-à-dire essentiellement un empois d'eau et de farine. Encore aidés par des dégustateurs, ces deux chercheurs nantais ont découvert que la qualité aromatique des mousses de foie ainsi préparées dépendait de la texture : plus les mousses contenaient d'hydrocolloïdes, plus elles étaient fondantes... et meilleures elles étaient.

Ainsi, non seulement nous attendons une consistance particulière d'un plat particulier, mais la perception des arômes dépend de cette consistance.

Une consistance variable

Ces remarquables résultats de la science moderne des aliments nous incitent à nous munir de quelque bagage avant de partir explorer le grand pays des sauces : la notion de viscosité nous sera utile.

Nous avons vu qu'une sauce n'est ni un jus ni une purée ; sa consistance, ou «viscosité», est intermédiaire. Cette entrée en matière laisse imaginer comment les sauces ratent, entre les mains de cuisiniers qui négligent les bons principes : soit elles sont trop liquides, soit elles sont trop solides, soit elles sont hétérogènes, pleines de grumeaux.

La physique a montré aux Gourmands modernes que la viscosité était une notion complexe et, de ce fait, plus intéressante qu'ils ne l'imaginaient intuitivement. Quelques expériences culinaires simples nous diront le mot de cette nouvelle affaire.

Dissolvons d'abord du sucre dans de l'eau. Tant que la quantité de sucre est faible, la solution s'écoule comme l'eau, mais quand le sirop est concentré, il s'épaissit, colle à la cuillère et s'écoule difficilement. Un appareillage approprié montrerait que cette viscosité, l'inverse de la fluidité, reste la même quelle que soit la vitesse de l'écoulement : la force exercée pour pousser une solution simple ou un sirop dans un tuyau est constante, que la solution s'écoule lentement ou rapidement.

Pour d'autres fluides, telles les mayonnaises, la béchamel, les béarnaises, les vraies sauces enfin, cette loi n'est plus vérifiée. Dans certains cas, la force diminue quand la vitesse augmente ; parfois, au contraire, la force à exercer augmente. Ainsi, une sauce béarnaise qui semble bien épaisse, presque solide quand elle est immobile dans la saucière, devient d'une fluidité angélique quand elle passe en bouche, à une vitesse de quelque 50 centimètres par seconde. Naturellement la constitution moléculaire des sauces est responsable de ces propriétés d'écoulement.

Tenons-nous en là de notre incursion sur le territoire de la physique pure : notre bagage est suffisant pour repartir sur le terrain des sauces.

La béarnaise, une mayonnaise chaude ?

A propos de la mayonnaise, nous avons vu précédemment que de l'eau, parfaitement fluide, et de l'huile, parfaitement fluide aussi, formaient un mélange visqueux, épais parfois à couper au couteau, pour peu qu'on les ait réunies en une émulsion, c'est-à-dire en une dispersion de gouttelettes stabilisées à l'aide des molécules «tensio-actives» du jaune d'œuf.

Cette viscosité des émulsions est largement utilisée en cuisine : elle fait le satiné de la béarnaise, de la hollandaise, du beurre blanc, et même du lait et de la crème, où la quantité de graisse dispersée dans l'eau atteint respectivement 4 et 38 pour cent.

Le plus souvent, les émulsions des sauces sont de type huile dans eau : ce sont des dispersions de gouttelettes d'un corps gras dans une phase continue d'eau. Le beurre, au contraire, est une émulsion de type eau (18 pour cent) dans huile.

Interprétons ensemble la recette de la sauce hollandaise, dont la célèbre béarnaise ne diffère que par l'assaisonnement et par la quantité de beurre dispersée dans la solution aqueuse*.

Pour faire une hollandaise, on bat les jaunes d'œufs, seuls, afin de bien mélanger leurs constituants, puis on ajoute de l'eau, du jus de citron et du sel ; on chauffe (au bain-marie si vous craignez que votre feu ne soit trop fort) et on mélange jusqu'à obtenir un premier épaississement ; enfin, en fouettant, on ajoute le beurre lamelle après lamelle, lentement d'abord, vite ensuite quand l'émulsion commence à prendre. On sort du feu dès que la sauce épaissit et l'on sert sans attendre.

Que se passe-t-il lors de ces opérations successives ? D'abord nous avons dispersé les molécules tensio-actives des jaunes d'œuf dans la solution aqueuse aromatisée : ces molécules, dont une extrémité fuit l'eau, se regroupent en petites sphères, nommées micelles, avec leurs queues hydrophobes à l'intérieur et leurs têtes hydrophiles à l'extérieur, au contact de l'eau ; quand la concentration en tensio-actifs est élevée, cette première sphère est recouverte de bicouches de tensio-actifs.

---

* Dans le principe, la béarnaise est, comme la hollandaise, une émulsion chaude de vinaigre dilué, de vin, de jaune d'œuf et de beurre. Dans une casserole, on met par exemple un demi verre de vin blanc, un tiers de verre de vinaigre, une échalotte émincée, deux branches d'estragon, deux pincées de cerfeuil, quatre pincées de persil et un quart de pincée de laurier. On fait réduire de façon qu'il ne reste que cinq cuillerées de liquide, puis on ajoute trois jaunes d'œuf et l'on fouette hors du feu. Puis, à feu très doux (au bain-marie), on ajoute le beurre lamelle par lamelle en agitant vigoureusement jusqu'à ce que la sauce épaississe. En fin de course, on peut filtrer afin d'éliminer les herbes et les morceaux d'échalotes.

Puis, en fouettant pendant que le beurre fondait, on l'a progressivement introduit au centre des micelles et l'on a formé des gouttelettes de beurre fondu, couvertes de molécules tensio-actives et dispersées dans la phase aqueuse.

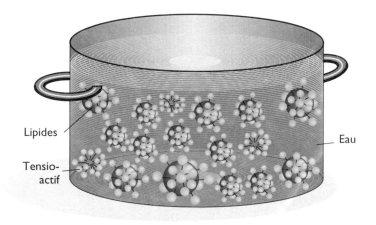

Lipides

Tensio-actif

Eau

Pourquoi la hollandaise épaissit-elle ?

Pourquoi la hollandaise devient-elle visqueuse ? Parce que c'est un mélange, plus complexe que l'eau pure et qui s'écoule plus difficilement : ne contient-il pas des gouttelettes de graisses, plus massives que les molécules d'eau, qui se gênent mutuellement ?

Un autre effet s'ajoute à celui-là : le sel et le jus de citron, en dissociant les molécules tensio-actives en deux types d'ions, respectivement positivement et négativement chargés, provoquent l'apparition de forces de répulsion électrique entre les gouttelettes : les têtes des molécules tensio-actives, toutes chargées identiquement, se repoussent. Leur écoulement est encore compliqué par cette répulsion ; la viscosité augmente de plusieurs pour cent. Enfin le chauffage, en agissant sur les protéines de l'œuf, contribue à l'épaississement de l'émulsion : dans un premier temps, les protéines sont dénaturées, puis elles s'associent. Le risque des grumeaux nous guette : fouettons !

Pourquoi la béarnaise est-elle opaque ?

Pour réaliser une émulsion – hollandaise, béarnaise, ou beurre blanc – on part d'eau, transparente, et de beurre, également transparent quand il est fondu. Pourquoi l'émulsion formée est-elle opaque ?

Parce que la lumière qui se propage dans la sauce se réfléchit à la surface des gouttelettes, et est réfractée à l'intérieur de l'huile. Le phénomène est analogue à celui que l'on observerait si l'on déposait du verre brisé dans un bocal : l'ensemble serait opaque, alors que chaque morceau de verre est individuellement transparent. Le blanc du lait, le jaune de la béarnaise ou de la mayonnaise sont dus à ce même phénomène.

Pourquoi certaines sauces émulsionnées ratent-elles ?

La hollandaise, comme la béarnaise, est une marche sur un fil : pour l'obtenir bien ferme, il faut pousser la cuisson jusqu'à... ce que la sauce tourne presque. Deux écoles s'affrontent, quant aux moyens de récupérer une sauce qui a tourné. Nous verrons que la complexité du problème scientifique est à la hauteur de la succulence de la sauce.

Une hollandaise peut rater parce que les gouttelettes de beurre se fondent les unes aux autres (elles coalescent) ou, pis encore, parce que les protéines des jaunes d'œufs coagulent et grumellent. La coalescence est réversible, bien qu'ennuyeuse, mais la coagulation est plus grave. Certains prétendent qu'on peut récupérer une béarnaise tournée en la sortant du feu, en y ajoutant du vinaigre et en fouettant très vigoureusement (au mixer, par exemple). D'autres ont soutenu que le jus de citron faisait merveille, et d'autres encore prétendent que l'acidité ne fait rien à l'affaire : il suffirait d'ajouter un peu d'eau et de fouetter pour récupérer une béarnaise. Que penser ? Que faire en cas d'incident ?

Méditons : les forces électriques, en assurant la répulsion des gouttelettes, évitent qu'elles ne remontent en surface et qu'elles ne se fondent les unes aux autres, qu'elles «coalescent». Cependant, quand la béarnaise devient trop chaude, les gouttelettes sont de plus en plus rapides, elles se heurtent de plus en plus fréquemment, avec de plus en plus d'énergie : la barrière énergétique des molécules tensio-actives finit par être vaincue, et les gouttelettes coalescent. A température supérieure, les protéines de l'œuf coagulent irréversiblement en grumeaux.

La maîtrise de la température est donc cruciale : à haute température, les collisions entre les gouttelettes sont très fréquentes et rapides, de sorte que la floculation est favorisée. A l'inverse, la différence de tension superficielle des liquides augmente à basse température, de sorte que les molécules tensio-actives ont plus de mal à former les émulsions.

Comment, si la température est bien dosée, limiter les phénomènes qui déstabilisent les émulsions et, éventuellement, font tourner les sauces ?

Pourquoi des œufs bien frais ?

La fraîcheur des œufs, tout d'abord, est importante pour la préparation des béarnaises et des hollandaises, car les molécules de lécithine qu'ils contiennent sont de meilleurs tensio-actifs que le cholestérol ; or, quand les œufs vieillissent, leurs lécithines sont décomposées en molécules de cholestérol.

Autrement dit, les gouttelettes de beurre fondu, dans les béarnaises, sont mieux dispersées avec des œufs frais qu'avec des œufs déjà âgés.

A quoi servent le citron et le vinaigre ?

Le jus de citron dans les hollandaises et le vinaigre dans les béarnaises donnent une délicieuse saveur acidulée qui s'oppose parfaitement au velouté du beurre.

Cependant ces deux acides ne sont pas là seulement pour le plaisir des papilles ; ils assurent en outre la stabilisation de la sauce. Pourquoi l'acidité du milieu, qui provoque la coagulation du lait, éviterait-elle celle de la béarnaise ? Parce que, dans le cas du lait, l'acidité agit sur les protéines, alors que dans les béarnaises, elle agit sur les molécules tensio-actives. Or ces dernières ne coagulent pas et, mieux encore, conservent leurs propriétés tensio-actives dans des conditions où les protéines coagulent : on parvient à monter une mayonnaise avec du jaune d'œuf dur !

Dans les émulsions chaudes, les acides rompraient en outre les liaisons intramoléculaires des protéines (liaisons hydrogène et ponts disulfures), de sorte que les protéines pourraient se disposer à la surface des gouttes de lipides et servir de tensio-actif.

Comment rattraper une béarnaise ?

Les béarnaises et hollandaises étant des émulsions, une première cause possible de ratage est le manque d'eau : comme dans une mayonnaise, l'eau doit être en quantité suffisante pour accueillir toutes les gouttelettes de ce délicieux beurre fondu qui donne à ces sauces leur remarquable satiné.

Comme la sauce se prépare à chaud, le peu d'eau placé dans la sauce en début de préparation (soit en tant que tel, soit dans le vin, soit dans les jaunes d'œufs, soit dans le citron ou le vinaigre, soit enfin dans le beurre lui-même) peut devenir insuffisant pour deux raisons : d'une part, quand la proportion de beurre devient notable, c'est l'émulsion eau dans huile qui est la plus stable ; d'autre part, l'eau chauffée s'évapore. Même si vous êtes plutôt un amateur de vin, n'oubliez pas l'eau !

D'autre part, si les gouttelettes de beurre fondu coalescent alors que vos dosages sont corrects, c'est peut-être que vous n'avez pas fouetté assez vigoureusement. Ne vous désespérez pas : retirez vite du feu votre béarnaise qui a fait huile, laissez-la refroidir en ajoutant éventuellement une cuillerée d'eau pour augmenter un peu le volume de la phase continue, puis battez très fort. Vous devriez retrouver le crémeux satiné que vous aviez perdu.

Le cas des émulsions coagulées est un peu plus grave, mais pas désespéré. Il se présente quand le chauffage a été trop fort, que l'œuf a coagulé en d'abominables grumeaux et que l'huile s'est, très certainement, séparée de la phase aqueuse.

Là encore, refroidissez aussi vite que possible, et ajoutez un peu d'eau froide. Puis utilisez votre mixer pour disperser les grumeaux en agitant la sauce. Parfois cette opération vous évitera de refaire la sauce. Les protéines resteront coagulées, mais le mixer les aura décomposées en mini-grumeaux invisibles... sauf peut-être pour les papilles entraînées d'un très grand Gourmand.

Pourquoi du vinaigre rattraperait-il les béarnaises ?

Nous avons vu que le sel ou les acides (tels le vinaigre et le jus de citron), en rompant certaines liaisons intramoléculaires des protéines, augmentent la solubilité des protéines, améliorent leur pouvoir émulsifiant tout en évitant les coalescences, en créant des forces de répulsion électrique. Si seule une insuffisance d'agitation a fait tourner votre béarnaise, l'ajout d'acides et de sel vous aidera certainement à retrouver une émulsion correcte.

Cependant le vinaigre peut aussi, plus simplement, agir par l'eau qu'il contient. En effet, dans certains cas, la béarnaise tourne parce que la phase continue s'est trop appauvrie. Comme dans une mayonnaise, la quantité de phase aqueuse doit être suffisante pour accueillir toutes les gouttelettes de beurre fondu. Au-delà d'une certaine quantité de beurre, l'eau initialement ajoutée devient insuffisante, et l'émulsion huile dans eau tend à devenir eau dans huile. Malheureusement cette inversion de l'émulsion s'accompagne souvent d'une séparation des deux phases.

Pour éviter cette inversion, souvenez-vous que le jaune d'œuf placé dans la sauce n'est composé d'eau que pour moitié ; pour procurer aux gouttelettes de beurre fondu une place suffisante, ajoutez un peu d'eau supplémentaire (ou de vinaigre ou de citron).

Quand risque-t-on d'inverser une émulsion ? On calcule que des sphères toutes de la même taille peuvent occuper au maximum quelque 74 pour cent d'un volume cubique : la proportion d'huile et de phase aqueuse, dans cette hypothèse, serait de 3 pour 1. Cependant les gouttelettes sphériques pleines de beurre fondu, dans une béarnaise, sont de tailles variées, de sorte que l'on peut dépasser un peu cette limite.

La règle, ici, est de penser que l'eau peut manquer : n'oubliez pas que si vous chauffez, l'eau s'évapore.

Le mystère du beurre blanc

Les bons livres de cuisine préconisent, lors de la préparation d'un beurre blanc, de faire d'abord réduire un peu de crème avant d'ajouter le beurre en fouettant. Pour comprendre cette prescription, souvenons-nous que la crème est une émulsion de type huile dans eau, parce que sa proportion d'eau est supérieure à celle du beurre (lequel, rappelons-le, est une émulsion eau dans huile). En partant de crème, à laquelle on ajoute du beurre, lamelle par lamelle, tandis que l'on fouette, on obtient l'émulsion huile dans eau souhaitée.

Des émulsions dans le rôti ?

Avant d'examiner les liaisons à l'œuf et à l'amidon, n'oublions pas que d'autres sauces sont également des émulsions.

Quand vous faites un rôti, par exemple, de la graisse tombe de la viande dans la lèchefrite, en même temps que du jus, lequel contient quelque gélatine, aux propriétés tensio-actives. Si vous fouettez la graisse et le jus (éventuellement avec un peu de beurre en fin de cuisson), vous obtenez une sauce liée, émulsionnée.

Souvent, quand le rôti est un peu trop cuit, l'eau s'est évaporée, et seule subsiste la graisse : ajouter un peu d'eau ou de vin pour obtenir la quantité d'eau qui vous manque pour faire la phase continue.

De même, quand nous cuisons un tournedos à la poêle et que nous déglaçons au vin ou à un alcool, nous dissolvons les sucs caramélisés du fond de la poêle, et nous faisons en outre, tels des Jourdains de la cuisine, une émulsion si nous ajoutons du beurre ou de la crème.

Dans ces deux cas, comme pour toute émulsion, pensons à leur constitution physique : phase continue, gouttelettes dispersées.

Les mystères de la glace de viande

«La gélatine est un tensio-actif parce que, dissoute dans l'eau, elle mousse quand on l'agite». Ainsi s'exprimait Madeleine Djabourov, physico-chimiste de l'École de physique et chimie de Paris, alors que je lui demandais conseil à propos de sauces. Cette remarque me donna la clef d'une gastronomie facilitée ; je vous la livre.

De nombreuses sauces se préparent à partir d'un fond : os concassés, encore garnis de chair, viande (ou déchet de poisson, pour des fonds de poisson), bouquet garni, que l'on fait d'abord brunir par chauffage à haute température, puis cuire dans de l'eau pendant plusieurs heures. Voilà pour le principe ; je passe les écumages, les réductions et autres détails fondamentaux mais fastidieux qu'indiquent bien les livres de cuisine. À ce fond, on ajoute une base aromatique, et de la crème ou du beurre.

Ce que j'avais retenu de la préparation de ces fonds, c'est qu'ils devaient servir de base à la préparation des sauces, parce qu'ils apportaient à la fois des arômes et un principe liant : j'en avais pour preuve qu'un fond réduit et placé au réfrigérateur forme un bloc coloré et gélatineux.

Pourquoi obtient-on arômes et principes liants lors de la préparation d'un fond ? A plusieurs reprises, nous avons vu que la cuisson prolongée des poissons et de leurs arêtes, ou des viandes, des cartilages et des os (le pied de veau est célèbre à cet égard) fait passer la gélatine en solution. Les légumes apportent une note aromatique indispensable.

Puisque la gélatine me semblait être l'agent liant des sauces fondées sur les fonds, je m'étais demandé si l'on ne pourrait pas se passer des fonds ou, du moins, les composer rapidement à l'aide d'une ou deux feuilles de gélatine que l'on ajouterait à une réduction d'un jus corsé, par exemple.

Cette première expérience échoua : pour obtenir une viscosité suffisante, je dus ajouter non pas une ou deux feuilles de gélatine, mais trois, quatre, cinq... La viscosité était considérable à froid, mais faible à chaud, et la sauce était écœurante.

Pourquoi cet échec ? La remarque de Madeleine Djabourov m'éclaira : si la gélatine était une molécule tensio-active, c'était peut-être par ses propriétés émulsifiantes qu'elle agissait en formant une émulsion...

Dans une nouvelle série d'expérience, je n'utilisai qu'une seule feuille de gélatine, mais j'ajoutai du beurre à ma sauce, que je fouettai : le succès fut complet, et ma sauce parfaitement liée.

Non content de mon succès, je décidais de pousser encore l'expérience, car les sauces sont les poisons des Gourmands : elles les font grossir et les menacent... de la goutte et du régime. Ne pouvait-on conserver la succulence des sauces classiques sans leur ajouter tous ces corps gras délicieux mais néfastes ?

Dans une certaine mesure, c'est possible : à du vin réduit en compagnie de quelques aromates, j'ajoutai de la gélatine et de la crème allégée à 15 pour cent ; celle-ci, impropre à la préparation des sauces dans des conditions habituelles (elle grumelle), se révéla parfaite, sans doute en raison de la grande quantité de gélatine présente.

La liaison à l'œuf

Quittons cette contrée des émulsions pour explorer celle des sauces liées à l'œuf. La liaison à l'œuf semble avoir été découverte vers le 17e siècle, mais son principe reste bien mystérieux, si sa réalisation est simplissime : dans une solution aqueuse aromatique froide ou tiède, on ajoute des jaunes d'œufs et l'on fouette en chauffant ; progressivement la solution épaissit.

Ainsi faite, la préparation est délicate, car si l'on fouette insuffisamment ou si l'on chauffe trop, c'en est fini de la belle viscosité, du satiné apporté par les œufs : les grumeaux apparaissent ; manifestement les protéines du jaune d'œuf ont coagulé.

Les bons cuisiniers savent éviter ces grumeaux : en ajoutant une pincée de farine au mélange, ils parviennent à stabiliser tant la préparation qu'ils peuvent la porter à ébullition, sans qu'elle tourne. Je conseille aux incrédules de faire l'expérience : qu'ils prennent deux casseroles identiques, qu'ils y placent la même quantité d'eau ou de vin, un jaune d'œuf dans chaque ; qu'ils fouettent identiquement en chauffant de la même façon ; la seule différence entre les deux sauces sera une pincée de farine, ajoutée dans une casserole et non dans l'autre.

Le résultat est sans appel : la sauce qui contient la farine supporte même de bouillir sans coaguler. L'autre... abandonnons-la momentanément à son triste sort grumelé !

Comment cette quantité minime de farine agit-elle ? On suppose que l'amidon de la farine se dissout progressivement dans la sauce : ses longues molécules, très encombrantes, empêcheraient les protéines du jaune de s'agréger, en même temps qu'elles apporteraient une viscosité analogue à celle dont elle sont responsables dans la béchamel ou dans les autres sauces liées à la farine.

La liaison au sang

Proches de ces sauces liées à l'œuf sont celles que l'on lie au sang : le sang contient beaucoup de protéines, qui, comme celles de l'œuf, peuvent établir les réseaux qui donnent une texture liée aux sauces.

C'est le principe du civet, où le sang épaissit la sauce composée essentiellement de vin, d'un peu de vinaigre, et de tous les aromates. Les mêmes règles valent pour les liaisons à l'œuf et pour les liaisons au sang : n'oubliez pas la petite pincée de farine qui fait tout !

Comment rattrapper une liaison à l'œuf qui a tourné ?

Une sauce liée à l'œuf tourne quand les protéines de l'œuf se sont agrégées, au lieu de se répartir uniformément dans la sauce. Pour rattraper un tel désastre, on procède donc comme pour une béarnaise dont les œufs auraient coagulé : un coup de mixer dissocie les grumeaux et redonne le satiné perdu. Il n'est toutefois pas assuré que le résultat soit aussi beau que si la sauce avait été convenablement préparée.

La liaison à l'amidon

L'émulsification et la liaison au jaune d'œuf ou au sang ne sont pas les seuls moyens d'épaissir les sauces. L'utilisation d'un roux ou d'un beurre manié est également un procédé utile... à condition d'agir avec discernement : mal employée, la farine communique un goût caractéristique, peu agréable, ou risque de donner une consistance un peu pâteuse. Soyons toutefois positifs : avant de voir les défauts de la farine, examinons son utilité.

Le mode d'emploi, tout d'abord. Souvent, on commence une sauce par la préparation d'un roux : on fait fondre du beurre à feu doux, puis on ajoute de la farine et l'on fait cuire longtemps le mélange, à température juste suffisante pour qu'il cloque. A ce roux devenu blond ou brun, selon les sauces, on ajoute un liquide aromatique et l'on chauffe lentement le mélange. La sauce épaissit et cuit. Enfin on «dépouille» la sauce, c'est-à-dire qu'on l'affine en épongeant à l'aide d'un papier absorbant la graisse qui flotte à la surface, et l'on élimine les particules solides et l'excédent de farine en chauffant longuement.

Pourquoi la farine épaissit-elle les sauces ?

Pour répondre à cette question préalable, nous devons savoir que la farine est composée de sucres complexes, qui forment de petits grains de ce que l'on nomme l'amidon, et de protéines qui, collectivement, constituent le gluten. Sucres complexes ? De quoi s'agit-il ? De quelque chose de très simple. Le glucose, tout d'abord, est une petite molécule qui sert de combustible aux animaux comme aux plantes : la molécule de glucose, produit par l'effet de la digestion des aliments, circule dans notre organisme par le sang ; de l'énergie en est facilement extraite par nos cellules et, inversement, la molécule est facilement régénérée.

Les graines des plantes, notamment, ont besoin d'énergie pour se développer. Aussi les plantes stockent-elles le glucose au voisinage des semences. Cependant, comme le glucose, soluble dans l'eau, serait lessivé à la première pluie, ce glucose est enchaîné en longues molécules moins solubles, soit linéaires (c'est l'amylose), soit ramifiées (c'est l'amylopectine).

Grâce à des liaisons faibles entre les molécules d'amylose et les molécules d'amylopectine, celles-ci s'agrègent en petits granules d'amidon de taille comprise entre 2 et 50 millièmes de millimètre. Par endroits, ces regroupements sont ordonnés : les granules sont cristallins ; en d'autres endroits, les granules sont amorphes et plus fragiles.

Si l'amidon est utile pour la réalisation des sauces, c'est qu'à chaud, l'énergie des molécules d'eau est suffisante pour déranger les régions amorphes et établir des liaisons hydrogène entre les molécules d'amidon et les molécules d'eau. L'eau s'introduit progressivement dans les granules, qui gonflent et dont, progressivement, toutes les molécules se dissolvent, formant éventuellement des gels nommés empois (à partir de 60 à 65 degrés pour la farine de blé).

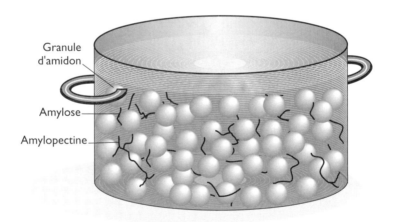

Pourquoi la farine épaissit-elle la solution ? Parce que les molécules d'amylose et d'amylopectine qui sont passées dans la solution se sont simultanément entourées de molécules d'eau. Elles sont très encombrantes, et leur écoulement est difficile : la solution est visqueuse. Ajoutons, pour finir, que la viscosité est maximale quand la température est comprise entre 79 et 96 degrés : pas tout à fait l'ébullition.

Pourquoi doit-on cuire longtemps les roux ?

Les molécules d'amylose ont un faible pouvoir épaississant et un goût farineux. On cuit donc les roux longtemps dans le beurre, avant d'ajouter le liquide, afin d'éviter ce goût, par dissociation des molécules d'amylose en sucres plus petits. La farine est un produit idéal pour le cuisinier parce qu'elle contient également des protéines (le gluten) qui réagissent avec les sucres par les réactions de Maillard souvent évoquées. Non seulement la cuisson d'un roux élimine le goût farineux, mais elle engendre en outre des composés aromatiques.

Si l'on utilise de l'amidon de pomme de terre, la longue cuisson du roux devient accessoire, car les molécules d'amylose, plus longues que celles du blé, ont un goût moins farineux. En outre, l'amidon de pomme de terre gélifie à température inférieure : il permet de corriger en dernière minute une sauce trop fluide.

Pourquoi une sauce liée à la farine ne doit pas trop chauffer

Une sauce liée à la farine ne doit pas être chauffée à trop forte température, disent les livres de cuisine : après le mélange intime de la farine et du liquide, la préparation peut cuire, mais ne doit pas bouillir. En effet, une fois qu'elle a atteint sa viscosité maximale, vers 93 degrés, la sauce se refluidifie un peu si elle bout.

Plusieurs conditions favorisent cette refluidification : le chauffage pendant longtemps après l'épaississement, le chauffage jusqu'à ébullition, et une trop forte agitation mécanique. Dans tous les cas, les granules gonflés sont désagrégés en très petits fragments, qui s'écoulent mieux que les gros. En outre, une quantité supérieure d'amylose passe alors en solution. Ce réseau composé d'une proportion supérieure d'amylose est moins rigide que celui qui était principalement formé par l'amylopectine, et les granules sont moins bien tenus.

Pourquoi les sauces liées à la farine doivent-elles rester fluides, quand elles sont en cuisine ?

Lors du refroidissement d'une sauce liée par de la farine, les dispersions de granules séparées en outre par l'amylopectine commencent à former un gel quand elles sont refroidies au-dessous de 38 degrés : quand le mélange se refroidit, l'eau et les molécules d'amidon ont de moins en moins d'énergie, et les liaisons hydrogène commencent à tenir les molécules de plus en plus fermement, rétablissant finalement les liaisons qui assuraient intialement la cohésion des granules. Le liquide durcit.

Cet effet doit inciter les cuisiniers à faire les sauces à base de roux plus fluides qu'elles ne doivent être quand elles sont servies sur la table : le temps qu'elles y parviennent, elles se refroidiront immanquablement et épaissiront.

Le dépouillement

Le dépouillement est une opération raffinée : c'est l'élimination des particules solides de la sauce *(voir le chapitre consacré à la cuisson, page 64)*. Notamment les sauces liées à la farine gagnent à être dépouillées d'une partie de leur particules solides d'amidon, ou des grumeaux qui se sont formés lors de la préparation de la sauce, mais aussi des protéines du gluten, qui ne sont pas solubles dans l'eau : lors de la préparation de la sauce, ces protéines coagulent en petits blocs solides qu'il faut retirer si l'on souhaite un résultat parfaitement régulier, digne de Carême et des autres Grands de la cuisine française.

Si le célèbre cuisinier français Escoffier a souhaité que les industriels proposent de la farine sans gluten, c'est notamment afin d'éviter cette longue opération du dépouillement. Il n'avait pas entièrement raison, car les réactions de Maillard, qui nécessitent des protéines, se poursuivent lors du dépouillement.

En pratique, on dépouille une sauce en la chauffant, après l'avoir filtrée, dans une casserole inclinée de telle façon qu'un seul point du fond reçoive la chaleur : à la verticale de ce point, la sauce est plus chaude qu'ailleurs, donc plus légère ; elle s'élève, et un courant s'établit, avec un panache montant et une redescente sur la périphérie. Ce faisant, les particules solides suivent ce courant, mais ont tendance à se rassembler au centre de la casserole et à s'agglomérer : on n'a plus qu'à écumer périodiquement pour les éliminer.

Comment rattraper une sauce trop épaisse ou épaissir une sauce trop fluide ?

Votre sauce liée à la farine est trop épaisse ? Battez-la vigoureusement en surveillant bien sa viscosité. Vous dissocierez ainsi les granules gonflés jusqu'à ce que la sauce ait la bonne consistance.

Inversement, votre sauce est trop fluide ? On peut recommander un beurre manié, c'est-à-dire du beurre travaillé avec de la farine, mais non cuit. On mélange les deux composants en quantités égales, et l'on place de petites noix de cette préparation dans la sauce. Le beurre empêche la farine de grumeler, de sorte que celle-ci est libérée progressivement. Ce procédé n'est cependant qu'un pis-aller, car on n'évite pas le goût farineux. Aussi gagnera-t-on à faire les beurres maniés plutôt à la maïzena qu'à la farine de blé.

Pourquoi doit-on placer quelque corps gras dans les sauces liées à la farine ?

Les graisses n'ont pas d'action sur la viscosité des sauces liées à la farine, mais elles agissent sur l'impression en bouche et, lors de la préparation des roux, elles enrobent les particules de farine et les empêchent de grumeler dans le liquide ajouté. Si l'on peut en limiter la quantité, il semble difficile de les éliminer tout à fait.

Pourquoi évite-t-on le jus de citron ou le vinaigre dans les sauces à base de roux ?

Parce que les acides, chauffés en présence des chaînes d'amylose et d'amylopectine, dissocient ces dernières en chaînes plus courtes, qui lient moins l'eau ; les granules d'amidon gélifient et se désintègrent à des températures inférieures. Le produit final est moins visqueux pour une quantité donnée d'amidon.

UNE QUESTION BRÛLANTE

Mangeons bien, nous mourrons gras

Pourquoi aimons-nous le piment, qui nous brûle ? Comment ce qui est bon pourrait-il être mauvais ? Avant d'en venir au piment proprement dit, élargissons la question en nous posant celle-ci : manger nuit-il ?

Brillat-Savarin a réservé quelques pages savoureuses aux excès de table. Son deuxième aphorisme n'est-il pas : «Les animaux se repaissent ; l'homme mange ; l'homme d'esprit seul sait manger» ? Et le dixième : «Ceux qui s'indigèrent ou qui s'enivrent ne savent ni boire ni manger».

Bien. Donc trop manger ou trop boire nuisent. Les médecins, aujourd'hui, tentent même de préciser les mets à éviter : certaines graisses animales, le carbone et les produits de combustion excessive, le nitrite avec lequel on sale les viandes...

Toutefois le danger qu'ils voient est vraiment partout. Les chimistes qui étudient la réaction de Maillard *(voir la page 29, par exemple)*, cette réaction universelle de la cuisson, trouvent qu'elle engendre des composés dangereux de toutes sortes, et les biologistes découvrent que l'amanitoïdine, le principe toxique de l'amanite phalloïde, est présent dans la girolle et dans la plupart des autres champignons comestibles, bien qu'en quantité infime. Il faut conclure que c'est l'excès qui nuit, que c'est la dose qui fait le poison.

Le piment troue-t-il l'estomac ?

Inversement, des mets qui semblent nuisibles le sont-ils vraiment ? Le piment, par exemple, est-il aussi nuisible que son action sur la langue et dans la bouche le laissent imaginer ? Question brûlante que des médecins viennent enfin d'étudier rationnellement : David Graham, du Centre des affaires médicales des anciens combattants, à Houston, a observé à l'endoscope les effets du piment sur la paroi de l'estomac de 12 volontaires. Il a recherché d'éventuelles inflammations après l'absorption de repas diversement pimentés par les amateurs de mets relevés.

Lors d'une première expérience, les volontaires recevaient un repas «neutre», composé d'un steak et de frites. Puis un autre jour, ils mangeaient le même repas, mais assaisonné d'aspirine (qui a la réputation de trouer l'estomac). Enfin, à une troisième occasion, on leur préparait des pizzas aux merguez et divers aliments mexicains auxquels l'équipe médicale ajoutait autant de piment qu'il était humainement supportable.

L'endoscopie révéla que l'aspirine attaquait effectivement la paroi stomacale, mais que le piment n'avait pas d'action corrosive visible.

Le principal ingrédient piquant du piment est la capsaïcine, ou 8-méthyl-N-vanniyl-6-nèneamide, également présente dans le poivre. C'est logiquement elle qui a d'abord fait l'objet d'études : son action sur la paroi intestinale a été comparée à celle de l'aspirine. La capsaïcine n'a eu aucun effet visible ; pas plus que le piment broyé et déposé directement dans l'intestin, à l'aide d'une canule.

En revanche, la sauce tabasco, déposée directement à l'intérieur de l'estomac, engendrait une inflammation de la paroi. Pourquoi ? Parce qu'elle contient de l'acide acétique, dont le vinaigre est une solution dans l'eau. De fait, la concentration en acide acétique dans le tabasco est deux fois supérieure à la concentration en acide acétique dans le vinaigre ordinaire.

Ainsi les piments, s'ils excitent les fibres nerveuses de la douleur, dans la bouche notamment, n'ont pas d'action corrosive réelle. Ils stimulent la salivation, activent le transit intestinal, provoquent des sensations de brûlure anale et donnent une sensation de bien-être après le repas. Pourquoi ? Peut-être parce qu'ils stimulent la libération de substances opioïdes endogènes, cousines de la morphine, en raison de leur action sur le système nerveux de la douleur.

Ne craignons donc plus d'utiliser le piment. Son feu ne nous consumera pas.

LA SALADE

Oasis de fraîcheur

Doit-on préparer la salade à l'avance ?

La salade, avec la vinaigrette qui l'accompagne, est un plat que le Gourmand ne parvient pas à aimer tout à fait : c'est un rafraîchissement délicat et bienvenu, quand le repas a été copieux, mais qui «tue» le vin par son acidité. Avec la salade, si vous en servez, ne donnez à vos convives que de l'eau, et «changez de pied», disent les cavaliers, pour le fromage et le dessert : l'intermède de la salade impose un vin tout différent de celui qui accompagnait les viandes.

Comment doit-on préparer la salade ? Chacun de nous croit le savoir : on lave la salade, on y ajoute une vinaigrette, et on tourne.

Connaissance insuffisante ! Savez-vous que si vous servez un mélange de plusieurs salades différentes, vous aurez intérêt à tourner d'abord les variétés les plus dures et à ajouter en dernier les variétés tendres ? Savez-vous que la vinaigrette ne doit être ajoutée qu'au moment de tourner ? Savez-vous que la vinaigrette n'est pas la même sauce quand l'huile est prépondérante et quand elle est en quantité limitée ?

La vinaigrette

Commençons par examiner la constitution de la vinaigrette. Nous avons vu, à propos de la mayonnaise, qu'on parvenait à mélanger de l'huile et de l'eau en formant une émulsion, c'est-à-dire une dispersion de gouttes d'huile dans l'eau, ou, inversement, une dispersion de gouttelettes d'eau dans l'huile. Composée de vinaigre, d'huile, de sel, de poivre, et de moutarde à volonté, la vinaigrette est une telle émulsion : le vinaigre est une solution d'acide acétique dans de l'eau ; l'huile... est l'huile.

Normalement l'huile ne se dissout pas dans l'eau ; c'est seulement quand on agite fortement un mélange d'eau et d'huile que des gouttes d'huile se placent en suspension dans l'eau. Temporairement, d'ailleurs, car ces gouttelettes, plus légères que l'eau, remontent, fusionnent et reforment une phase huileuse séparée.

Toutefois, si les gouttes d'huile sont suffisamment petites, leur crémage est ralenti, parce que leur dispersion gêne leur remontée. La moutarde n'est donc pas inutile dans les vinaigrettes, car elle augmente la stabilité de l'émulsion formée par ses molécules tensio-actives, avec leur extrémité qui se lie facilement à l'huile (hydrophobe) et leur autre extrémité qui se lie à l'eau (hydrophile). Fouettées dans la vinaigrette en même temps que les gouttelettes d'huile, ces molécules tensio-actives se lient aux molécules d'huile par leur extrémité hydrophobe, et à la phase continue, aqueuse, par leur partie hydrophile. Elles sont le lien entre l'huile et l'eau.

Cette description n'est valable que si la proportion d'huile n'est pas trop forte. Quand l'eau et l'huile sont en quantités égales, c'est l'huile qui forme des gouttelettes dispersées dans l'eau, parce qu'elle a plus tendance à se mettre en gouttelettes. En revanche, si l'on augmente la proportion d'huile, c'est l'eau qui viendra se placer, sous la forme de gouttelettes, dans l'huile. En présence de moutarde, la transition s'effectue au-delà de deux parties d'huile pour une partie d'eau.

De toutes les façons, ces émulsions sont plus éphémères que celle de la mayonnaise : une vinaigrette laissée quelque temps à elle-même, se sépare en vinaigre, au fond, et huile sur le dessus.

L'*assaisonnement*

Un mot, enfin, à propos de l'utilisation de cette émulsion d'eau dans l'huile pour les salades.

L'huile adhère mieux à la surface des végétaux que l'eau, mais les deux corps nuisent à la couleur : ils s'introduisent à la faveur des fissures de la cuticule cireuse qui recouvre les feuilles des végétaux, telles les salades, et chassent l'air qui, par réfraction de la lumière, donne cette belle couleur verte :

Que votre vinaigrette soit une émulsion huile dans eau ou une émulsion eau dans huile, mêlez-la seulement au dernier moment si vous voulez servir une salade bien verte.

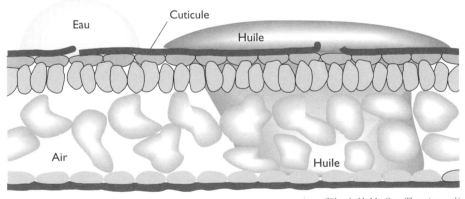

(D'après H. Mc Gee, *The curious cook*)

YAOURT
ET FROMAGE

Acide et présure

Mon introduction vous a averti, mon cher Hôte en littérature gastronomique, que je ne vous emmènerai que là où votre façon de cuisiner pourra être à l'œuvre. Ne me reprochez donc pas une insuffisance de conseils quand vient le moment des fromages : ceux-ci sont placés sur la table dans l'état où vous les aurez acquis. Au mieux aurez-vous, par quelques soins rudimentaires, poursuivi l'affinage qui aura été fait chez votre fromager.

L'honnête Gourmand ne peut toutefois pas ignorer que le fromage est obtenu par coagulation du lait. Ajoutons seulement que le lait coagule parce que les micelles de caséine (la protéine qui représente 85 pour cent des protéines du lait, lesquelles représentent 4 pour cent du lait total) s'agrègent quand les conditions s'y prêtent.

D'autre part, on doit savoir que les matières grasses du lait sont formées lors de la lactation de la vache, de la brebis, de la chèvre : les cellules mammaires ont une surface qui forme une protubérance dont se détachent des globules de graisse de 2,5 micromètres de diamètre environ. L'intérieur contient des graisses, mais aussi de la vitamine A et du cholestérol. Leur membrane contient des molécules tensio-actives, qui assurent leur émulsification.

Quand on fait cailler le lait, soit par ajout de présure (extraite du troisième estomac du veau), soit par ajout de sel, soit par ajout d'acide, on provoque la coagulation de la caséine, tandis que le caillé conserve un peu de graisses et quelques protéines en solution. L'effet est le même que celui qui permet la cuisson réussie des œufs sur le plat *(voir la page 52)* : en présence d'ions apportés par l'acide ou par le sel, les molécules de caséine n'exercent plus les unes sur les autres les forces électriques qui assurent leur répulsion, et les micelles de caséine s'agrègent.

Avez-vous déjà fait l'expérience de saler ou d'acidifier du lait ?

Des soins attentifs

La coagulation du lait n'est que la première étape de la fabrication des fromages. Elle est suivie d'un égouttage, puis d'un affinage, à l'aide de micro-organismes sélectionnés.

Lors de l'égouttage, les industriels utilisent des bactéries lactiques avec la présure, ce qui acidifie le milieu (en libérant l'acide lactique). Le salage a lieu par immersion dans une saumure. Puis vient le saupoudrage avec les micro-organismes d'affinage, qui donnent à chaque fromage son caractère spécifique.

Pourquoi les fromages sentent-ils ?

Parce que, dans les fromages, une partie notable des acides gras est sous forme libre (c'est-à-dire non incorporée dans des triacylglycérols), en raison des enzymes lipases des micro-organismes d'affinage.

Ainsi le micro-organisme *Penicillium camemberti* possède-t-il une importante activité d'attaque et de transformation des graisses. Surtout localisée près de la croûte, la bactérie hydrolyse les triacylglycérols, amollit la périphérie (camemberts bien faits) et dégage le gaz que l'on nomme ammoniac. C'est ce dernier qui répugne à certains, les privant de l'immense plaisir de déguster, avec les fromages bien faits, la saveur de la France.

A ce propos, sachons que la présence d'ammoniac, autour des fromages en cours d'affinage, semble contribuer à leur évolution favorable. Un conseil, si vous avez acquis un camembert insuffisamment affiné : placez-le dans un sac bien fermé, en hauteur, dans votre cuisine.

La préparation des yaourts

Comment se forment les yaourts ? La recette est simple : on verse une cuillerée de yaourt dans des pots emplis de lait et on chauffe lentement et longtemps (plusieurs heures) les pots dans une cocotte dont le fond contient de l'eau. Le lait prend en masse : c'est une sorte de multiplication des petits yaourts...

La molécule principale de ce processus est l'acide lactique, que l'on peut considérer comme la moitié d'une molécule de glucose, le carburant de notre organisme. L'acide lactique se forme par fermentation de glucose ou d'autres sucres en l'absence d'oxygène.

Le lait, qui contient des sucres, est rapidement colonisé par les bactéries qui agissent sur le sucre du lait, le lactose, le dégradent et rejettent de l'acide lactique. Ce dernier fait coaguler le lait par le même phénomène que celui qui préside à la fabrication des fromages : la coagulation de la caséine engendre un gel qui emprisonne l'eau et les gouttelettes de graisse.

LES
DONS DE CÉRÈS

Pourquoi les pommes brunissent-elles quand on les coupe ?

Quand on pèle ou quand on coupe une pomme, sa surface, initialement blanche, brunit en quelques minutes. Les abricots, les poires, les cerises et les pêches ne brunissent pas, mais pis ! Ils noircissent. Les bananes et les pommes de terre rosissent avant de brunir. En revanche, les citrons, les oranges ne brunissent pas. Leur acidité naturelle les protégerait-elle ?

Absolument. Si certains fruits brunissent quand on les coupe, c'est parce que le couteau endommage certaines des cellules dont ils sont composés, libérant leur contenu et, notamment, des enzymes qui y étaient enfermées dans des compartiments spéciaux.

Plus précisément, des enzymes nommées polyphénolases oxydent les molécules de polyphénols incolores des fruits en composés de type ortho-quinone, qui se réarrangent, subissent une oxydation et polymérisent en mélanine colorée (la mélanine est la molécule qui nous fait paraître d'une belle couleur bronzée quand nous nous sommes exposés au soleil).

L'acidité retarde ces réactions, car elle limite l'action des enzymes ; en outre, l'acide ascorbique des citrons et des autres fruits de la même famille (oranges, pamplemousses...) est un anti-oxydant. Deux raisons pour laquelle on a avantage à arroser de citron la surface des fruits coupés pour leur conserver leur couleur d'origine.

Combien de sucre dans les fruits au sirop ?

La fabrication des fruits au sirop réussit à ceux qui connaissent le phénomène physique de l'osmose, déjà évoqué à propos des braisés. Le terme est barbare, mais le phénomène est simple : dans un liquide, une goutte d'encre se répartit progressivement de façon à occuper tout le liquide ; sa concentration s'égalise. A cela, pas de mystère : les molécules d'un liquide sont animées d'un mouvement incessant, de sorte qu'au hasard des collisions, les molécules de la goutte se répartissent dans tout le liquide.

Dans des fruits au sirop, le phénomène est identique : quand on cuit des fruits dans de l'eau pure, le sucre des fruits tendra à passer dans l'eau afin d'égaliser la concentration en sucre ; de surcroît, l'eau du milieu extérieur passe dans les cellules des fruits afin que le sucre y soit plus dilué. Au total, les fruits perdent leurs sucres et se gonflent d'eau, puis éclatent.

En revanche, si l'on cuit des fruits dans une solution dont la concentration en sucre est supérieure à celle des fruits, l'eau des fruits tendra à quitter les cellules végétales afin d'abaisser la concentration en sucre de la solution : les fruits se ratatinent. Par conséquent, c'est en cuisant les fruits dans une solution de concentration en sucre égale à celle des fruits que l'on préservera le mieux l'aspect naturel des fruits.

Notons que le phénomène est identique pour la préparation de marrons glacés : on cuit d'abord longuement les marrons dans l'eau, afin de bien les amollir, puis on les épluche et on les passe, lentement et à froid (afin de ne pas les briser) dans des sirops de plus en plus concentrés (et vanillés !) : le sucre gorge progressivement les marrons.

GLACES
ET SORBETS

Comment faut-il agiter une glace ?

La plaie de la glace et du sorbet, c'est le cristal de glace. Quand il semble absent, le dessert est délicieux, velouté, fondant... mais que la bouche le sente et une horrible sensation de verre brisé en bouche nous gâche le plaisir que les mille reflets du plat promettaient.

Les physiciens et, surtout, les cristallographes, ont l'habitude des cristaux ; ils savent que pour en obtenir de gros, il faut éviter de remuer les solutions mères et ménager une croissance aussi lente que possible.

Le cuisinier, qui veut l'effet inverse, agitera donc autant qu'il peut les solutions, afin d'éviter la formation de gros cristaux de glace. Simultanément il cherchera à introduire des bulles d'air, afin d'obtenir une préparation légère.

Comment faut-il remuer la préparation ? Au début, l'agitation n'est pas utile : la préparation doit d'abord refroidir. Tant que la température n'atteint pas zéro degré, aucun cristal ne peut apparaître. En outre, il ne sert à rien d'introduire des bulles d'air à ce stade, car la préparation, encore trop fluide, ne les retiendrait pas. Enfin la crème présente dans la préparation, si elle est trop agitée, risque de tourner en beurre.

Mais quand le cap du zéro degré est doublé, hardi !

Faut-il placer au congélateur la préparation chaude ou froide ?

Quelle question ! Le bon sens nous dit que le congélateur agira mieux si la préparation est déjà froide. Cependant le bon sens n'a pas toujours raison : l'eau chaude gèle plus vite que l'eau froide.

Cet effet a été étudié par Ernesto Mpemba, de Tanzanie, qui effectuait une recette indiquant de chauffer du lait, d'incorporer du sucre, de laisser refroidir jusqu'à la température ambiante, de congeler. Un jour, il oublia de laisser refroidir, et vit que sa préparation était bien plus rapidement prise que lorsqu'il suivait fidèlement la recette. Il publia le résultat de ses études ultérieures dans le *Journal for Physical Education*.

Pourquoi l'eau chaude gèle-t-elle plus vite que l'eau froide ? On a prétendu que le récipient chaud fondait la glace là où il était déposé, et qu'un meilleur contact thermique s'établissait ensuite avec le congélateur. C'est une explication insuffisante, car l'effet persiste même si le récipient est isolé par de petites cales en bois ou en mousse polystyrène, par exemple.

En fait, trois effets semblent jouer : d'une part, la convection, c'est-à-dire les mouvements qui animent les liquides quand leur température au sommet n'est pas la même qu'à la base ; les différences de densité provoquent des écoulements, qui homogénéisent la solution. Deuxièmement, l'eau froide dissout davantage de gaz que l'eau chaude, de sorte que, dégazée, l'eau chaude se refroidirait plus vite. Troisièmement la solution chaude perd de l'eau par évaporation, de sorte qu'il y a finalement moins d'eau à refroidir.

Une crème glacée instantanée

Mon ami Peter Barham, dont je vous ai déjà entretenu, a inventé un moyen idéal pour préparer une crème glacée ou un sorbet. Idéal parce que, par son procédé, les cristaux de glace sont minuscules, comme on le souhaite, et parce que la préparation est d'une immense légèreté, en raison des innombrables bulles d'air qui y sont introduites. Enfin la préparation se fait sur la table, devant les convives, en quelques secondes. Quelle est cette merveilleuse contribution à la gastronomie ?

Peter Barham propose de délaisser la classique et désuète sorbetière pour l'air liquide. Ce liquide transparent, présent dans tous les laboratoires de chimie et de physique, n'est autre que de l'air qui a été refroidi jusqu'à –183 degrés. Je ne vous le fais pas dire : il est très froid.

Quand on le verse (lentement) dans une préparation pour crème glacée ou pour sorbet, il se vaporise immédiatement, absorbant la chaleur de la préparation qu'il congèle instantanément. Saisie par le froid, la préparation se peuple de minuscules cristaux de glace, tandis que l'air liquide, de liquide passe à l'état gazeux : les bulles d'air sont piégées dans la glace ou le sorbet.

Le tout se fait dans un formidable nuage de fumée blanche, la même qui est utilisée pour le tournage des films, quand le réalisateur a demandé un brouillard. Spectacle garanti★ !

★ Attention en manipulant l'air liquide : portez des lunettes, et protégez-vous des projections éventuelles.

DES GÂTEAUX

Mousseux et fondants

Une base résistante mais légère

Pour devenir un bon cuisinier, disait Escoffier, il faut d'abord tâter de la pâtisserie, parce que c'est la meilleure des écoles pour l'apprentissage des dosages. Ajoutons que la pâtisserie est également un merveilleux domaine pour le physico-chimiste... et pour le Gourmand. N'y trouve-t-on pas des crèmes fouettées, des mousses, des fruits confits, et mille autres préparations que la science nous aide à réussir sans faute ?

De nombreux gâteaux ont une base solide, qui supporte le reste de l'édifice. Comment l'obtenir moelleuse et fondante ? Les textures spongieuse ou mousseuse s'imposent : les parois des bulles ou alvéoles, telles les parois des nids d'abeilles, donnent une résistance qu'apprennent à utiliser dans leurs ouvrages les ingénieurs modernes ; la structure, pleine de bulles, conserve un moelleux qui s'harmonise avec la crème, souvent fouettée, qu'elle supporte.

La mousse du blanc d'œuf battu en neige, toutefois, est trop fragile pour supporter tout un gâteau, et la mousse du soufflé a l'inconvénient de retomber après la cuisson. Comment faire ? Il faut la renforcer.

Nous examinerons successivement deux types de renforcement analysés par Peter Barham : le premier, mis en œuvre dans les meringues, est une rigidification des parois des bulles de la mousse ; le second, repris de l'industrie du bâtiment, est l'ajout d'une charge, comestible naturellement : la farine et le sucre.

La mousse d'une meringue

Quand on bat de l'eau pure, quelques bulles se forment, puis retombent. Au contraire, quand on fouette du blanc d'œuf (qui contient néanmoins 88 pour cent d'eau), on obtient une superbe mousse stable pendant plusieurs heures. La raison ? «Tensio-activité» est le maître mot, nous l'avons vu plusieurs fois.

Ainsi la mousse du blanc d'œuf, nous l'avons déjà vu à propos des soufflés *(voir la page 55)*, est formée par piégeage de bulles d'air dans un liquide. Comme les bulles d'air remontent en surface, quand elles sont dans de l'eau pure, on bat les blancs afin de faire apparaître des forces qui les stabilisent. On profite de la présence des molécules tensio-actives de l'œuf, c'est-à-dire des molécules ayant une partie hydrophile (qui se lie aux molécules d'eau) et une partie hydrophobe (qui ne veut pas se placer dans l'eau et se place donc plutôt... dans l'air).

Souvenons-nous également que des bulles petites sont plus sensibles aux forces de surface et aux forces assurées par les molécules tensio-actives : elles formeront une mousse plus stable et supporteront mieux la pression qui leur sera appliquée, parce que cette pression se répartira sur plus de bulles.

Pour faire la meringue, il reste à ajouter du sucre en poudre, qui se dissout facilement dans les parois des bulles. La recette est classique : deux cuillerées à soupe de sucre par blanc pour des meringues molles, et quatre cuillerées pour des meringues dures. On sèche le mélange dans un four tiède et, quand une partie de l'eau a disparu, il ne reste que la structure rigide, composée des molécules tensio-actives, du sucre, et de l'eau qui est liée à cette structure et ne s'évaporerait qu'après un chauffage prolongé qu'il faut naturellement éviter.

Dans le four, la chaleur dilate les bulles et vaporise l'eau, ce qui fait gonfler les meringues ; simultanément la chaleur du four coagule l'albumine et les autres protéines du blanc d'œuf, ce qui rigidifie définitivement les bulles formées. La cuisson idéale est celle qui forme une croûte dure avec un intérieur mou et souple. Comptez 15 minutes à 177 degrés pour des meringues dures, et une heure à 110 degrés pour des meringues molles.

Quand doit-on placer le sucre ?

Quand doit-on ajouter le sucre aux blancs d'œufs, quand on prépare une meringue ? Avant de les battre ou plutôt après ?

Tous les cuisiniers sont formels : le sucre ne doit être ajouté qu'à une neige déjà ferme. Pourquoi ? Parce qu'il déshydrate les protéines, surtout quand il est très divisé, sous forme de sucre glace, très dispersé. Le phénomène physique est encore celui de la diffusion : si l'on place du sucre, qui ne contient pas d'eau, au contact des protéines, dont les propriétés dépendent de leur liaison à de l'eau, cette dernière tend à quitter les protéines pour dissoudre le sucre. Si l'on verse le sucre trop tôt, il ne laisse pas s'établir la mousse, et les blancs montent mal.

Ouvrir la porte du four ?

Pour des meringues comme pour les soufflés, n'ouvrez pas la porte du four en cours de cuisson : les bulles d'air et de vapeur qui se sont dilatées, parce qu'elles étaient chauffées, risquent de dégonfler rapidement. Quand vous poursuivrez la cuisson, le blanc d'œuf se solidifiera avant qu'elles n'aient eu le temps de regonfler. Utilisez plutôt un four dont la porte est transparente, et armez-vous de patience !

Le Charybde du surbattage et le Scylla du jaune

Attention à ne pas trop battre : si vous dénaturez trop rapidement les protéines, l'air sera introduit en quantité insuffisante au moment où les liaisons entre les protéines seront établies. Et si vous poursuivez le battage après l'établissement de ces liaisons, le nombre de liaisons entre molécules continuera d'augmenter dans la mousse, ce qui expulsera l'eau qui est normalement liée aux molécules : vous la verrez perler à la surface.

Connaissant ce Charybde de la mousse, examinons-en le Scylla : il est fréquemment dit, à tort, qu'il est impossible d'obtenir une mousse si l'on bat les blancs avec ne serait-ce qu'une trace de jaune. Il est vrai qu'on obtient alors beaucoup plus difficilement une mousse stable quand du jaune est présent, mais il n'y a pas d'impossibilité. On sait que le cholestérol du jaune d'œuf est une molécule qui tend à se lier aux groupes hydrophobes de l'albumine, dans les protéines dénaturées, et à empêcher que ces groupes participent à la formation de la mousse. De ce fait, quand du jaune est présent dans des blancs, on doit dénaturer une quantité supérieure de protéines pour lier le cholestérol, et le battage est beaucoup plus long qu'avec les blancs seuls. De plus, la vitesse de battage nécessaire pour dénaturer une molécule augmente quand la viscosité diminue (la contrainte est proportionnelle à la viscosité) ; aussi l'ajout d'une pincée de sucre ou de sel, préconisé par les cuisiniers, facilite le battage en augmentant la viscosité.

Une base moelleuse

Si certains gâteaux contiennent de la meringue, d'autres ont une base spongieuse. Le principe est analogue à celui des meringues, mais au lieu de cuire un blanc d'œuf battu en neige et additionné de sucre, afin d'obtenir une structure rigide en surface, on conserve une texture plus molle en ajoutant une charge : de la farine.

Comme pour le sucre dans la meringue, la farine n'est ajoutée que lorsque les blancs sont bien fermes, sans quoi les fines particules d'amidon de la farine capteraient l'air des bulles et feraient retomber la mousse. On mélange donc comme pour un soufflé, en repliant la mousse sur la farine à l'aide d'une spatule que l'on manie comme si l'on voulait couper une tarte. On arrête de mélanger dès que la couleur est uniforme.

De même, on ajoute une matière grasse, généralement du beurre fondu, pour donner une texture soyeuse et ralentir la recristallisation de l'amidon. Comme précédemment, on plie la mousse sur le beurre fondu et tiède, car les molécules de graisse du beurre tendent à se lier aux groupes hydrophobes des protéines, et à faire tomber la mousse.

Et pour éviter que la mousse ainsi préparée ne retombe, on la cuit : on augmente ainsi la dénaturation des protéines et l'on forme des liaisons intermoléculaires permanentes, transformant le mélange semi-liquide en une éponge rigide.

Dans le four, plusieurs réactions simultanées durcissent l'interface des bulles et leur permettent ensuite de résister à la pression due à la dilatation de l'air et à la formation de vapeur. En pratique, la vitesse de durcissement et la formation de vapeur ne sont pas égales, ce qui fait que les bulles grossissent et que le volume du gâteau augmente de dix pour cent. Un bon test pour savoir si le gâteau est cuit est d'enfoncer un couteau dans la mousse et de voir si elle y adhère : tant que la mousse colle au couteau, la cuisson n'est pas terminée.

Quand on retire le gâteau du four, il se refroidit, le gaz des bulles se contracte et la vapeur se condense, ce qui réduit la pression interne et provoque parfois l'effondrement du gâteau, s'il n'est pas assez cuit.

Il est assez facile d'éviter ce désagrément en faisant délibérément éclater certaines des bulles en laissant tomber le gâteau, dans son moule, d'une hauteur de dix centimètres environ. Le résultat sera moins beau qu'au sortir du four, mais on n'aura pas le désagrément de voir, sous le poids des diverses garnitures, la base s'effondrer irrégulièrement.

La crème fouettée

Enfin il reste l'étape ultime : la préparation de la garniture, souvent composée d'un mélange de crème fouettée et de fruits rouges ou noirs. Une crème fouettée est une mousse, à nouveau, mais la stabilisation résulte d'un effet différent. En effet, le lait et la crème naturelle sont composés de petits globules de matière grasse dont la suspension dans de l'eau est stabilisée par des molécules tensio-actives, telle la caséine.

Dans le lait, la proportion de matière grasse est d'environ 7 pour cent ; dans la crème liquide, elle atteint 18 pour cent et, dans la crème épaissse, elle monte jusqu'à 47 pour cent. Dans le beurre, d'autre part, la proportion de matières grasses est de 83 pour cent, mais l'émulsion est inverse : ce sont des gouttelettes d'eau qui sont dispersées dans la matière grasse.

De même, dans la crème fouettée, on cherche à obtenir une dispersion d'air et d'eau dans la matière grasse. Cette inversion de l'émulsion que forme la crème est obtenue par le battage.

Les mêmes phénomènes de stabilisation sont à l'œuvre dans la crème fouettée et dans les blancs d'œufs battus en neige. La viscosité est importante pour la stabilisation de la mousse. Aussi utilisera-t-on une crème aussi épaisse que possible, et l'on stockera les ingrédients au réfrigérateur avant de les battre afin d'augmenter encore leur viscosité. Pour éviter la formation de beurre, on pourra battre en maintenant le récipient sur de la glace pilée.

Enfin, quand la crème sera assez forte pour supporter son poids et celui de la garniture, c'est-à-dire quand les globules de graisse auront été suffisamment divisés pour tapisser les bulles d'air et les stabiliser, on alternera les couches de crème fouettée, de meringue, de biscuit, de fruits. Une goutte d'alcool charmera les adultes et donnera aux enfants le goût des bonnes choses. Une poudre de chocolat, par exemple, parachèvera l'œuvre.

LES PÂTES

Brisées, sablées, feuilletées

Pourquoi doit-on laisser reposer une pâte avant de la cuire ?

Nul n'ignore que les pâtes de pâtisserie sont à base de farine, d'eau et de beurre. Pourtant une pâte brisée n'a rien à voir avec une pâte feuilletée, qui diffère elle-même considérablement d'une pâte sablée. Pourquoi les mêmes ingrédients donnent-ils des résultats différents ? Parce que la main du Pâtissier est passée par là. Examinons comment elle agit.

La plus simple des pâtes se prépare avec seulement de la farine et de l'eau : on obtient un matériau qui a la consistance d'un mastic épais qui n'adhère pas aux doigts. Lors de la formation de cette pâte, l'eau s'introduit entre les innombrables grains d'amidon de la farine et les lie en une masse cohérente : en effet, dès que l'eau est en contact avec la farine, elle pénètre entre les grains et dans les fissures de ceux-ci par «capillarité»*. Si l'on aplatit simplement cette pâte au rouleau afin d'obtenir un disque de deux à trois millimètres d'épaisseur, on obtient une galette de pain azyme.

Lors de la cuisson, la température de l'eau augmente, les grains gonflent et forment un empois. Progressivement ces empois se soudent, à mesure que l'eau est évaporée : un bloc unique de pâte dure se forme.

La pâte brisée en diffère par le beurre (ou la margarine, ou une autre matière grasse), avec lequel on sépare les grains de farine les uns des autres. Ce beurre conserve à la pâte une certaine souplesse. Comme précédemment, le mélange de la farine et de l'eau forme un empois, mais la graisse sépare les empois individuels. Après la cuisson, la pâte est encore friable, parce que les grains sont restés assez séparés ; la cohésion est due au beurre qui, en refroidissant, forme une sorte de ciment onctueux. La preuve ? La pâte brisée chaude est plus friable que la même pâte froide, parce que les corps gras sont liquides à chaud, mais quasi solides à froid. Aussi est-il préférable de ne démouler les gâteaux et les tartes à base de pâte brisée que lorsqu'ils sont refroidis.

L'examen des deux pâtes simples précédentes nous donne une leçon culinaire importante : puisque le but est de former un empois, à froid, on ne doit pas se presser lors de la préparation de la pâte ; l'eau doit avoir le temps de migrer entre les grains, puis de s'introduire dans ceux-ci, afin de la faire gonfler. Voilà également pourquoi les recettes indiquent de laisser reposer la pâte avant de la cuire.

---

* Pour voir la capillarité en œuvre, faites un «canard» : quand vous plongez la base d'un sucre dans un café, vous voyez le café s'élever dans le sucre, parce qu'il est aspiré par les forces de capillarité entre les grains.

Un pétrissage limité

Les bons livres de cuisine indiquent de ne pas trop pétrir les pâtes. Pourquoi ce conseil ? Parce que la farine n'est pas composée que d'amidon ; elle contient également des protéines, que l'on nomme collectivement gluten.

Les protéines du gluten sont avides d'eau et forment, en sa présence, un réseau très dur, bien qu'élastique. Un pétrissage prolongé, qui ferait coaguler les protéines du gluten, engendrerait une pâte très dure.

Notamment, quand la pâte sert pour la réalisation d'une brioche, il est préférable de mêler d'abord le beurre à la farine, afin d'enrober les grains de farine par de la matière grasse. L'eau ajoutée ensuite formera les empois nécessaires, mais, si le pétrissage est limité, on n'engendrera pas le réseau élastique et résistant de gluten qui bloquerait la levée de la brioche.

Mille feuilles...

La pâte feuilletée, maintenant, est «exponentielle» : si l'on plie une fois en trois (un tour) une couche de pâte, on forme un ensemble à trois feuilles superposées. Si l'on replie en trois cet ensemble, on obtient neuf feuillets ; et si l'on effectue six tours successifs, en séparant toujours les feuillets, on obtient 3×3×3×3×3×3 feuillets, soit 729 feuillets ! Le nom de pâte feuilletée est bien mérité. Ces feuillets s'individualisent lors de la cuisson s'ils ont été séparés par le beurre et qu'ils peuvent ainsi cuire sans se fondre les uns aux autres ; en outre, le pliage de la pâte emprisonne de l'air, qui gonfle à la cuisson et favorise la séparation des feuillets ; la pâte s'allège en gonflant.

Ces principes étant acquis, je veux faire œuvre d'utilité publique en livrant ici la recette de la pâte feuilletée. Je m'explique : ayant obtenu des résultats très différents avec les diverses recettes données dans les livres de cuisine, je les ai méthodiquement comparées et ai finalement retenu la suivante.

Faites une pâte en mélangeant de la farine et de l'eau. Combien de chaque ? Pour 250 grammes de farine, préparez un maximum de 1,5 décilitre d'eau. La proportion d'eau peut varier considérablement selon les farines, qui contiennent plus ou moins de protéines. Quand vous avez obtenu une boule homogène, pétrissez 250 grammes de beurre afin d'obtenir une consistance analogue à celle de la pâte. Étalez la pâte en un carré assez épais, d'environ 20 centimètres de côté, et déposez dessus le beurre, en un carré d'environ 10 centimètres de côté, de telle façon que les sommets du carré de beurre viennent vers le centre des côtés du carré de pâte. Repliez les quatre coins de la pâte sur le beurre afin de l'y envelopper. Puis étalez la pâte dans un seul sens, afin d'obtenir un rectangle, que vous replierez en trois. Ayant reformé un carré, vous le tournerez d'un quart de tour, et vous étalerez à nouveau en un rectangle que vous replierez à nouveau en trois.

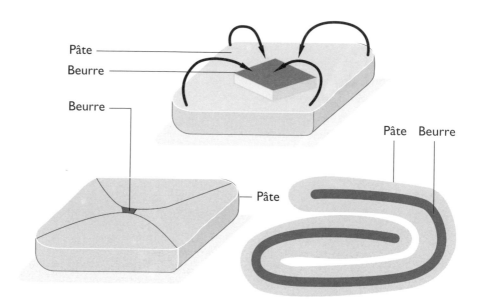

Laissez alors reposer 20 minutes au frais, puis répétez l'opération d'étaler, de replier en trois, de tourner d'un quart de tour, et de replier en trois. Remettez au frais et, avant de cuire, répétez l'opération d'étalement, de pliage en trois, de rotation d'un quart de tour, d'étalement et de repliage en trois. Cuisez pendant environ 20 minutes à 200 degrés, après avoir fait de légères incisions sur la surface enduite de jaune d'œuf délayé dans du lait. Votre feuilletage est superbe.

La pâte sablée

Les pâtes que nous avons examinées étaient composées de farine, d'eau et de beurre. La pâte sablée, pâte sèche qui se brise et se pulvérise sous la dent, s'obtient encore par mélange de farine et de beurre, mais s'ajoutent à ces ingrédients du sucre et des jaunes d'œufs. La pâte, obtenue sans eau, est friable et difficile à abaisser. Pour y parvenir, n'appuyez pas trop sur le rouleau. Puis cuisez.

Lors de la préparation de la pâte, le beurre et le jaune d'œuf pénètrent entre les grains d'amidon et les grains de sucre. Cependant, comme les forces de capillarité qui favorisaient l'entrée de l'eau dans les fissures des grains n'ont pas joué, la pâte manque de cohérence et reste friable, sablée. Comme la quantité d'eau apportée par le jaune d'œuf est faible, peu d'empois se forment, et chaque grain d'amidon cuit indépendamment, de même que le sucre. La (faible) cohésion des pâtes sablées est due aux jaunes, qui coagulent en un réseau, lequel emprisonne les divers grains.

Les bulles des biscuits

La pâte à biscuit ne contient pas d'eau non plus. Sa légèreté, à nouveau, est due à l'absence d'empois. Pour la réaliser, on mélange au fouet des jaunes d'œufs et du sucre semoule, en incorporant autant d'air que possible : le jaune d'œuf s'immisce entre les grains de sucre, qui, en milieu gras, restent intacts et séparés par des millions de bulles d'air .

Puis on ajoute à la fourchette des blancs d'œufs battus en neige, afin de former une sorte d'éponge légère : lors de la cuisson, toutes les bulles gonfleront et la surface se colorera par caramélisation. Auparavant ajoutons le beurre à peine fondu et mélangeons délicatement, à la fourchette, afin d'obtenir une pâte visqueuse, qui coule difficilement. On verse dans un moule à tarte à bords élevés et lisses, et on cuit à four très chaud : la pâte monte, se colore et, en 15 à 20 minutes, une lame de couteau qu'on enfonce ressort sèche, signe d'une cuisson achevée. On laisse refroidir dans le moule et l'on obtient une masse aérée et délicieuse.

Pourquoi ce mode opératoire et pourquoi ce résultat ? Les blancs d'œufs, tout d'abord, ont apporté les protéines qui ont coagulé lors de la cuisson, stabilisant le réseau de bulles gonflées, tandis que le sucre, en fondant, a réagi avec les jaunes caramélisés. La préparation s'apparente au soufflé, mais le sucre a servi de charge, qui a stabilisé le réseau. Enfin les diverses réactions de caramélisation du sucre, ou de cuisson des œufs, ont donné le goût plaisant du biscuit.

Notons enfin que la génoise diffère du biscuit en ce que les blancs et les jaunes (et le reste de la préparation) sont fouettés ensemble. Monter des blancs en neige quand du jaune est présent ? N'est-ce pas trop difficile ? Difficile, oui, mais pas impossible. Il faut fouetter longtemps (jusqu'à un quart d'heure environ, avec un passage bref au bain-marie) en pensant bien à introduire de l'air dans le mélange.

Les pâtes levées

Sans en venir au pain, qui mérite un chapitre pour lui seul, examinons le problème des pâtes levées pour la pâtisserie. Pour ces pâtes, on utilise souvent ce que l'on nomme improprement des levures chimiques.

De quoi s'agit-il ? Disons tout d'abord que ce ne sont pas des levures, micro-organismes unicellulaires qui dégagent du dioxyde de carbone quand ils sont en présence d'eau et de sucre. Les «levures chimiques», également nommées poudres levantes, sont d'excellents agents levants pour les gâteaux les plus fins ; ce sont des composés qui dégagent du dioxyde de carbone quand ils se trouvent dans de l'eau chauffée ; le sucre n'est pas nécessaire à leur action.

Souvent ces poudres levantes sont un mélange de bicarbonate de sodium, d'un acide (ou souvent de deux acides, tels l'acide tartrique et le sulfate acide de sodium et d'aluminium) et d'amidon, qui agit comme excipient, sépare les particules d'acide et de bicarbonate, et empêche les composants actifs de réagir prématurément.

Les poudres levantes agissent deux fois : une fois à température ordinaire, en raison de l'action de l'acide tartrique sur le bicarbonate, qui dégage du dioxyde de carbone et produit de petites bulles dans la pâte ; puis une seconde fois en raison de l'action du sel d'aluminium à haute température, ce qui augmente la taille des bulles et allège la pâte.

Rien à voir, donc, avec les levures vivantes telle celle de boulanger, *Saccharomyces cerevisiae*, qui meurent quand la température devient trop élevée. En revanche, la levure de boulanger est d'un usage bien plus efficace quand la pâte est dure, comme dans le pain.

LE
SUCRE

Le sucre que l'on chauffe ?

Jean de la Varenne, cuisinier de Louis XIII, disait qu'«un homme qui fait cas du dessert après un bon repas est un fou qui gâte son esprit avec son estomac». Certains Gourmands seront de son avis, mais beaucoup d'entre nous n'ont pas perdu, adultes, leur goût immodéré pour le sucre et ses diverses formes, tel le caramel...

Pourquoi sa couleur brune ? Pourquoi son goût inimitable ? Le sucre de table est composé d'une molécule nommée sucrose, avec un cycle glucose, à six atomes de carbone, lié par un atome d'oxygène à un cycle fructose.

Quand chauffe cette molécule, elle subit une série complexe de décompositions et, comme chaque molécule possède de nombreux atomes d'oxygène, des réarrangements sont possibles. Les molécules se brisent, et de petits fragments volatils, telle l'acroléine, ou bien s'évaporent, ou bien se dissolvent dans la masse et lui donnent son goût.

Pourquoi l'aspartame est-il déconseillé en cuisine ?

Redouté par ceux qui voudraient être, comme le dit Brillat-Savarin, des «esprits qui ne se seraient qu'imparfaitement matérialisés», le sucre est parfois détrôné par divers édulcorants, tel l'aspartame. Pourquoi ce dernier est-il déconseillé en cuisine ? Parce que sa molécule est composée d'une molécule d'acide aspartique liée à une molécule de phénylalanine. A chaud, les deux parties se dissocient, et leurs deux goûts remplacent celui, sucré, de l'aspartame. Or si l'acide aspartique est sans goût, la phénylalanine, elle, est amère.

N'oublions pas non plus que l'aspartame se dissocie lentement dans les solutions aqueuses : les boissons allégées en sucre, qui contiennent de l'aspartame, ne doivent pas être stockées, sans quoi elles deviennent amères.

LE
PAIN

Comment faire du bon pain ?

Les citadins ont souvent perdu le goût de la nature ; parfois aussi, ils ont perdu cette seconde nature de l'Homme qu'était, après des millénaires de civilisation, la préparation du pain : quelques étages d'ascenseur les séparent du boulanger, qui met à leur disposition son expérience professionnelle, ses appareillages spécialisés... et ses pains appétissants.

Pourquoi nous donnerions-nous la peine de pétrir péniblement et de cuire, avec des résultats parfois médiocres ? Obtiendrons-nous jamais ces baguettes dorées, ces pains croustillants qui s'alignent, parfumés, derrière l'avenante boulangère ? Où trouver la farine et les levures grâce auxquelles nous pourrions mettre sur notre table notre propre pain quotidien ? Où trouver le temps de faire le pain ? Où trouver les gestes, enfin, qui accompliront le miracle de la panification ?

Beaucoup d'entre nous, qui n'ont jamais fait leur pain, hésitent à se lancer, de crainte de manquer leur coup. S'ils savaient, pourtant ! S'ils décidaient de faire le premier pain, le seul qui coûte ! Ils auraient la fierté du travail bien fait, en se régalant de produits bien supérieurs à ces pains, de plus en plus nombreux, que certains boulangers de façade ne font plus eux-mêmes mais reçoivent tout préparés.

Je vous convie ici à la fête du pain domestique ; je veux vous faire partager ce jeu d'enfant qu'est la préparation d'un bon pain maison. Et pour vous éviter de voir votre désir de baguette ramené à la déception d'un bloc de pâte mal cuite, je vous propose de découvrir la physico-chimie du pain en mettant la main... à la pâte.

De l'eau, de la farine, de la levure

Si les premiers de nos lointains ancêtres qui ont fait du pain ont obtenu des résultats qui les ont encouragés à poursuivre leurs essais, c'est que le principe de la réalisation du pain est simple : pour faire du pain, il nous faut seulement de l'eau, de la farine, deux mains pour pétrir et un four pour cuire. Trois opérations font l'affaire : un pétrissage, une fermentation et une cuisson. Rien de plus simple, rien de plus ancien que les gestes du pain : ils ont à peine changé depuis qu'ils étaient pratiqués, en Égypte il y a trois millénaires.

Préparons d'abord les ingrédients : 12 décilitres de farine de blé, 5 décilitres d'eau tiède, 25 grammes de levure et une cuillerée à café de gros sel. Dans une grande jatte, nous diluons la levure dans l'eau tiède, puis nous déposons la farine et le sel. Nous mélangeons, malaxons, triturons longtemps et formons une boule que nous caressons de farine. Nous couvrons la jatte d'un torchon et nous laissons dormir la pâte pendant une à trois heures ; c'est le «pointage». La pâte boursoufle.

Nous la pétrissons alors jusqu'à ce qu'elle soit ramenée à son volume initial ; puis nous formons un boudin que nous couchons dans un moule à cake beurré et nous couvrons d'un torchon. Nous laissons reposer encore trois heures, dans la cuisine, ou une nuit entière dans un endroit frais. Pendant cettte phase d'«apprêt», la pâte doit bien lever et dépasser le moule. Attention à ne pas la toucher ! Après avoir incisé le dessus des pâtons en leur donnant de petits coups de lames, nous chauffons enfin le four à 220 degrés et cuisons le pain pendant 15 minutes à cette température. Puis nous baissons le four à 150 degrés et laissons dorer pendant 25 minutes. Le pain se démoule sur une grille.

Goûtons : il y a de fortes chances que notre pain soit lourd et compact, ou cru à l'intérieur, trop lâche et plein de trous... C'est que chaque opération a ses raisons dont les boulangers ont appris à mesurer empiriquement l'importance. Ces raisons qui couronneront de succès vos prochains essais, les voici.

Au travail !

La première opération, le pétrissage, consiste à unir en pâte l'eau, la levure, et la farine, avec un peu de sel qui améliore le goût final. Pourquoi obtenons-nous une pâte ? Pourquoi est-elle élastique ?

L'ingrédient principal du pain, la farine, provient le plus souvent du blé, la seule céréale (ou presque) qui permette aujourd'hui de faire du pain levé. La farine contient deux composants principaux : des grains d'amidon, composés de deux types de molécules, l'amylose et l'amylopectine ; et diverses protéines solubles (les albumines et les globulines) ou insolubles (les gliadines et les gluténines). Nous verrons que ces rebutantes distinctions chimiques préalables ont une importance qui, je l'espère, fera oublier la pesanteur didactique de l'exposé suivant.

Commençons par l'examen des protéines : si une pâte élastique apparaît lors du pétrissage, c'est parce que les protéines insolubles forment un réseau nommé gluten. Ne nous croyons pas irrémédiablement éloignés du pain : c'est ce réseau qui, étiré, formera les minces cloisons de la mie ; c'est parce que de l'air aura été emprisonné lors du repliement de la pâte sur elle-même que ces cloisons sépareront des alvéoles gazeuses.

Initialement les molécules de protéines sont comme des chaînes repliées sur elles-mêmes en pelote par des liaisons intramoléculaires déjà envisagées : les liaisons hydrogène, entre un atome d'hydrogène et un atome d'oxygène ou d'azote auquel il n'est pas lié chimiquement ; ou les ponts disulfure, entre deux atomes de soufre.

Avant le pétrissage, ces liaisons sont établies entre les atomes d'une même molécule de protéine, d'où le repliement en pelote de celle-ci. Cependant le pétrissage sépare les diverses protéines et déroule progressivement les pelotes qu'elles forment : comme quand on verse des spaghettis d'une casserole vers un égouttoir, comme quand les vagues balayent les algues du littoral, les protéines sont déroulées par les mouvements du pétrissage et elles tendent à s'aligner :

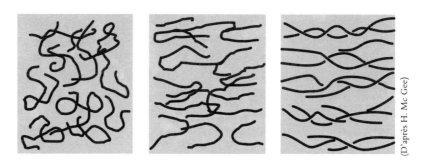

(D'après H. Mc Gee)

Quand les protéines sont ainsi alignées, liées par les liaisons hydrogène et par les ponts disulfure, la masse de la pâte devient raide, plus dure à manipuler, plus lisse et plus élastique. Cependant de nombreuses irrégularités subsistent dans les protéines : des boucles intramoléculaires constituent des ressorts qui assurent l'élasticité.

Alors élastique ou fluide, la pâte ? Tout dépend du rapport entre la concentration en gluténines et la concentration en gliadines. Les gluténines sont de très grosses protéines, qui rendent la pâte compacte et fluide, parce qu'elles établissent un réseau tenace et peu extensible ; les gliadines, molécules environ mille fois plus petites que les gluténines, assurent l'élasticité, parce qu'elles sont plus mobiles et que leurs boucles se reforment plus facilement. Enfin le comportement mécanique dépend également des lipides présents.

Pourquoi le blé est-il une des seules céréales à former une bonne pâte à pain ? Parce que sa composition en protéines est telle que le gluten formé est assez résistant pour faire du pain levé. Le gluten de blé est à la fois élastique (il laisse le pain gonfler), mais il est aussi plastique. C'est parce que le blé contient plus de protéines aptes à la panification et moins d'amidon que d'autres céréales que le gluten est plus dur, lors du mélange avec l'eau.

Pourquoi la farine doit-elle être sèche ?

Assez pour les protéines du gluten. Passons aux granules d'amidon, qui constituent l'essentiel de la farine (70 à 80 pour cent). Ces granules sphériques de 2 à 40 micromètres de diamètre sont, nous l'avons vu, composés de deux molécules différentes : l'amylose (20 pour cent) et l'amylopectine (80 pour cent).

Pourquoi les diététiciens nomment-ils glucides de telles molécules ? Parce que l'amylose et l'amylopectine de l'amidon sont toutes deux de longues chaînes dont les maillons sont la molécule de glucose. La différence entre l'amylose et l'amylopectine est seulement la disposition des groupes glucose les uns par rapport aux autres : dans l'amylose, l'enchaînement est parfaitement linéaire, tandis que dans l'amylopectine, la chaîne est ramifiée. Ces deux glucides sont de la même famille que la cellulose, composé structurel des plantes, formé par l'enchaînement de 10 000 à 15 000 molécules de glucose. Ce sont les briques de la cellule végétale et du pain.

Et les maçons du pain ? Ce sont des protéines spécialisées, présentes en petites quantités mais au rôle considérable : j'ai nommé les enzymes. Ces dernières sont des catalyseurs, c'est-à-dire des molécules capables d'opérer des réactions chimiques sans y participer.

Un exemple simple : quand on met en présence de l'oxygène et de l'hydrogène gazeux, ils restent sagement mêlés l'un à l'autre ; mais approche-t-on une flamme, qu'aussitôt ils explosent, car la flamme a catalysé la réaction. De même, si l'on introduit une poudre d'un métal comme le platine dans un mélange d'hydrogène et d'oxygène gazeux , l'explosion a lieu sans flamme : les molécules des deux gaz se collent au métal, se dissocient et réagissent ; le métal ne sert que d'intermédiaire transitoire, et les réactifs le laissent dans l'état où ils l'ont initialement trouvé. De même, dans le monde vivant, des enzymes catalysent, favorisent, accélèrent des réactions biologiques.

En l'occurence, la farine contient de telles enzymes, les amylases, qui utilisent l'eau pour détacher des longues molécules de l'amidon du maltose, une molécule composée de deux groupes glucose, et divers autres polysaccharides nommés dextrines, qui «servent» de substance nutritive aux levures. Remarquable prédestination : la farine contient précisément les enzymes qui libèrent de la pâte les nutriments des levures, lesquelles font lever la pâte.

On comprend alors pourquoi la farine ne doit pas être stockée dans un milieu humide : les enzymes présentes dans la farine la décomposeraient en utilisant l'eau de l'atmosphère. Tirons-en une leçon : pour que les enzymes agissent bien, hydratons notablement les granules d'amidon en pétrissant longtemps, ne lésinons pas sur l'eau. Nous libérerons alors, grâce aux enzymes, le maltose que les levures consommeront ensuite en dégageant le dioxyde de carbone qui fera lever le pain.

Le raisonnement est imparable : un long pétrissage, c'est beaucoup de maltose produit ; beaucoup de maltose, c'est un important développement des levures ; beaucoup de levures, c'est beaucoup de dioxyde de carbone libéré ; beaucoup de dioxyde de carbone, c'est beaucoup de gaz dans les alvéoles du pain ; et beaucoup de gaz dans les alvéoles du pain, c'est un pain qui gonfle parfaitement à la cuisson.

Vieille farine fait bon pain

Les boulangers savent que la farine qui a attendu un mois ou deux fait de meilleur pain que la farine fraîche. Pourquoi ?

Nous avons vu comment le pétrissage déroule et aligne les protéines, et comment ces dernières restent liées par des liaisons hydrogène et par des ponts disulfure, qui assurent la formation de boucles intramoléculaires, lesquelles servent de ressorts et donnent à la pâte son élasticité.

Les ponts disulfure sont des liaisons qui s'établissent aussi bien entre les atomes de soufre d'une même protéine qu'entre des atomes de soufre de deux protéines voisines. Leur rétablissement, après une extension, est compromis par la présence de groupes thiol SH sur des protéines voisines : la liaison s'établit avec la protéine voisine, et non avec les groupes intramoléculaires ; les boucles ne se reforment pas après avoir été étirées :

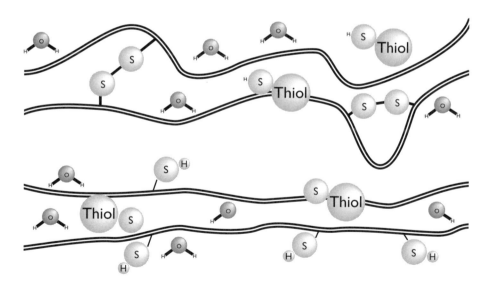

Quand on étire un pont disulfure, avec un groupe thiol à proximité, on risque qu'un atome d'hydrogène passe sur une des protéines initialement liées. La pâte flue au lieu d'être élastique. Le vieillissement de la farine, qui s'accompagne d'une oxydation des groupes thiol, donne une meilleure élasticité aux pâtes, car les ponts disulfure se reforment mieux.

Notons cependant que l'eau peut aussi céder des atomes d'hydrogène aux atomes de soufre, quand on pétrit trop, mais que ce danger n'est réel que pour les pétrins mécaniques. A la main, on se fatigue souvent bien avant que ce désagrément ne se manifeste. Et en pratique ? En pratique, on prend la pâte sur le bord opposé à soi, on la décolle du bord et l'on forme une boule que l'on ramène vers soi en pliant, emprisonnant de l'air lors du repli. On écrase fortement le pli formé et on recommence, en farinant de temps en temps.

La fermentation

Maintenant que nous savons que pétrir, c'est peiner, reposons-nous en laissant s'effectuer la deuxième étape de la préparation du pain : la fermentation. Ce phénomène naturel et spontané se produit quand les levures, mélangées à la farine pétrie avec de l'eau, peuvent enfin jouir de l'environnement agréable que nous leur avons préparé.

On distingue la fermentation sauvage, faite au levain (pâte levée de la tournée précédente, ajoutée à la nouvelle), et la fermentation faite avec de la levure industrielle, obtenue par la sélection de souches cultivées sur des terrains biologiques.

Par simplicité, nous utiliserons d'abord de la levure de boulanger (pas de la levure chimique, qui n'a pas la force levante suffisante). La levure sert, lors de la panification, à alléger la pâte en y créant des alvéoles ; elle confère aussi au pain des saveurs et des odeurs.

Les levures : l'intrusion du vivant dans la pâte. Il s'agit en effet de micro-organismes à une seule cellule, qui prolifèrent quand ils disposent des composés spécifiques tels le maltose ou le glucose. A partir de ces nutriments, les levures synthétisent des protéines et diverses autres molécules constitutives, puis elles se divisent en deux nouvelles cellules identiques à la première, qui se divisent à leur tour, etc. Plus la température est élevée (dans la mesure où la levure n'est pas détruite), plus les levures se développent rapidement. C'est pourquoi on les place d'abord en suspension dans de l'eau tiède : on les «réveille».

Lors de la première fermentation, le «pointage», qui dure une heure environ, les levures fermentent le maltose. Ce dernier est modifié par des enzymes des levures, les maltases, qui dissocient le maltose en deux molécules de glucose ; ces dernières sont ensuite transformées en dioxyde de carbone, en alcool éthylique, en divers aldéhydes, cétones et autres alcools sapides et aromatiques.

La fermentation des levures est un couplage de deux réactions : la transformation de glucose $C_6H_{12}O_6$ en deux molécules de dioxyde de carbone et deux molécules d'alcool éthylique C_2H_5OH (réaction de Gay-Lussac), couplée à la transformation qui engendre l'ATP, la molécule qui sert de carburant aux cellules vivantes.

Le levain

Nous les ignorons parce qu'elles sont petites, mais les levures – et divers autres types de micro-organismes – sont partout. Laissez des fruits en plein air et, après quelques jours, des champignons microscopiques, apportés par l'air, se seront développés naturellement. Chauffez du lait à température modérée, et vous récupérerez des yaourts parce que les bactéries naturellement présentes dans le lait s'en seront nourries et auront transformé le lait en une masse gélatineuse.

De même, vous pouvez préparer du pain au levain, sans ajout de levure de boulanger, en utilisant simplement un mélange de farine et d'eau que vous aurez laissé coloniser par les levures et les bactéries qui constituent la microflore naturelle du pain.

Partez d'une masse de pâte que vous additionnez de sel et d'un peu de miel ou de yaourt. Après une journée de fermentation à l'air libre, dans un endroit pas trop frais, mêlez cette pâte à autant de farine fraîche et travaillez avec un peu d'eau et de sel. Répétez l'opération quatre fois à six heures d'intervalle environ. Puis utilisez ce levain pour faire votre pain. Les levures sauvages *Saccharomyces minor* obtenues donneront une légère acidité caractéristique.

Le pain blanc, le délicieux pain blanc des baguettes et des batards que nous connaissons en France est d'invention récente, à l'échelle de l'humanité ; jadis la plupart des pains étaient au levain et la plus grande attention était apportée à la préparation de ce dernier. Dans *L'art du meunier, du boulanger et du vermicelier,* publié en 1771, Malouin écrit : «Le levain est constitué par un morceau de pâte prélevé sur une des fournées du jour : c'est le levain chef, ou chef, dont le poids varie entre cinq et dix kilogrammes.

«Le boulanger y ajoute farine et eau afin de doubler ou de tripler le poids. Ce levain rafraîchi par le pétrissage, est le levain de première, qui est laissé à fermenter pendant six à sept heures. Après un nouvel ajout de farine et d'eau, suivi d'un nouveau pétrissage, il devient un levain de seconde. Puis à nouveau, les opérations sont répétées pour former un levain de tout point. Après une fermentation de deux heures, celui-ci sert à ensemencer la pâte. On obtient un pâte légère, liée et aérée en délayant le levain avec de la farine et de l'eau, un brassage, l'ajout de sel, le découpage et le pliage, puis enfin le battage».

La levure de bière dans le pain n'est apparue qu'en 1665, quand un boulanger parisien fit le premier pain mollet. Jusqu'en 1840, on utilisait conjointement la levure et le levain, pour le «travail sur français», puis un boulanger autrichien introduisit en France l'usage de la levure seule : le pain viennois était né.

Quand la fermentation est-elle achevée ?

La température optimale de fermentation du pain est de 27 degrés : le développement des levures serait plus rapide à 35 degrés, mais des métabolites amers seraient libérés, et la pâte formée serait plus collante.

En pratique, on sait que la fermentation est terminée quand le volume a doublé et qu'un trou fait avec le doigt ne revient pas spontanément : le gluten a alors été étiré à la limite de l'élasticité.

Pourquoi le second pétrissage ?

Quand la fermentation est achevée, il faut se remettre au travail. Le second pétrissage a pour fonction de répartir les levures développées, afin que, lors d'une seconde fermentation, les levures soient plus nombreuses à dégager du dioxyde de carbone.

Le principe est le même que précédemment, mais à la fin de ce second pétrissage, on donnera quelques coups de couteau sur la pâte, les grignes, afin que le réseau de gluten ne soit pas, juste avant la cuisson, à la limite d'élasticité : le pain pourra gonfler sous la poussée du dioxyde de carbone sans déchirures inesthétiques de la croûte.

La seconde fermentation, dite d'apprêt, est l'occasion pour les levures d'utiliser les sucres de la farine ou ceux libérés par l'amidon et les amylases.

Les vertus du dioxyde de carbone

Le dioxyde de carbone qu'apportent les levures est le gaz qui se dégage également de la bière ou du champagne : il sort du breuvage où il était dissout dès que l'on ouvre la bouteille et que la pression diminue. Dans l'eau, où il se dissout sous forme d'acide carbonique, il pique la langue, augmente la saveur et agit comme un bactéricide doux. On dit que le dioxyde de carbone accélère le transit du bol alimentaire de l'estomac vers l'intestin, ce qui explique peut-être l'ivresse rapide que procure le champagne.

Le dioxyde de carbone est enfin, comme nous l'avons vu, produit lors de la fermentation anaérobie (en l'absence d'air) des glucides par les levures ; souvent ces fermentations engendrent aussi de l'alcool éthylique, qui donne du goût au pain, ainsi que divers aldéhydes, alcools, cétones, diacétyle, qui contribuent à l'arôme, avant même que la réaction de Maillard de la cuisson ait lieu. N'anticipons pas.

Pourquoi le dioxyde de carbone (et l'air introduit lors du pétrissage) fait-il gonfler le pain ? Parce que, comme tous les gaz, le dioxyde de carbone se dilate quand il est chauffé ; pour se dilater, il a besoin de place, qu'il crée en repoussant la pâte, encore molle avant la cuisson.

On pressent donc que la cuisson ne doit pas rigidifier trop le réseau de la mie avant que les gaz présents dans la pâte ou formés lors de la cuisson ne se soient dilatés. On comprend également l'intérêt d'un long pétrissage : plus la pâte aura été malaxée, plus les gaz auront été finement répartis, et plus les alvéoles seront petites.

La cuisson

Arrive le moment crucial, celui de la cuisson, qui parachèvera le travail et nous donnera le pain doré et odorant que nous attendions.

Lors de la cuisson, l'air introduit par les deux pétrissages et le dioxyde de carbone dégagé par les levures se dilatent ; simultanément, l'eau et l'alcool sont vaporisés, l'activité des levures augmente. A température supérieure à 60 degrés, les levures cessent toute activité et à température supérieure à 90 degrés, la croûte commence à se former.

Puis, à la température de 100 degrés, la vapeur se répartit dans le pain ; l'amidon se gélifie en empois, passe d'un état semi-cristallin à un état amorphe et la mie se forme. Les protéines du gluten sont dénaturées par la chaleur, elles coagulent après avoir perdu leur eau d'hydratation et forment le squelette rigide de la mie.

L'eau qui s'évapore ne quitte la pâte que par la surface : celle-ci sèche et durcit ; la croûte se forme. A ce propos, n'oublions pas de mentionner que la couleur et les arômes de cette croûte résultent des réactions de Maillard. Et signalons que, pour obtenir des pains bien dorés, les boulangers jettent dans leur four préchauffé un peu d'eau, avant d'enfourner le pain. C'est ce qu'ils nomment le «coup de buée».

A quelle température doit-on cuire le pain ? Nous avons compris que la température de cuisson ne doit être ni trop élevée, afin que les gaz aient la possibilité de gonfler le pain avant que le réseau de protéines ne se rigidifie, ni trop basse, de sorte que l'eau reste dans la mie malgré la cuisson. La cuisson doit se faire vers 220 à 250 degrés, 230 dit-on parfois (pendant 15 à 20 minutes pour les baguettes). C'est un équilibre : si le four est trop chaud, la croûte se forme avant que le pain ne gonfle, mais si la température est trop basse, le pain gonfle avant que la croûte se forme, et l'amidon de surface n'a pas le temps de former de réseau, ni le gluten de coaguler ; le pain retombe.

Pourquoi le pain rassit-il ?

Le rassissement n'est pas un dessèchement : la concentration en eau est constante, dans le pain, mais les molécules de l'amidon, qui étaient irrégulièrement réparties, liées aux molécules d'eau, cristallisent en rejetant une partie de l'eau ; la mie devient plus rigide.

Pourquoi le pain pas assez cuit devient-il rapidement sec et rassis ? Pourquoi le pain rassis redevient-il «frais» quand on le chauffe au four ? Pourquoi le boulanger met-il au congélateur le pain frais pour l'empêcher de rassir ? Pourquoi le pain rassit-il moins vite quand on l'isole dans un linge ou une boîte fermée ?

Tout s'explique si l'on n'oublie pas que le pain est obtenu par cuisson d'un empois d'amidon, c'est-à-dire de farine et d'eau. Si le pain n'est pas assez cuit, il reste trop d'eau inemployée. Celle-ci établit des liaisons supplémentaires entre les fibres de cellulose : le pain durcit. Chauffez-le : vous romprez ces liaisons hydrogène, et le pain redeviendra croustillant.

Dans l'air, le pain rassit par formation de nouvelles liaisons hydrogène. Le mettre au congélateur, s'il est mal cuit, empêche les molécules d'eau surabondantes de vagabonder et d'aller créer de nouveaux ponts. Le couvrir l'isole de l'humidité de l'air et empêche les molécules d'eau d'y pénétrer pour créer des ponts inutiles. Dans un pain bien cuit, il y a juste ce qu'il faut de liaisons hydrogène pour assurer consistance et friabilité. Ce pain reste frais plus longtemps, surtout s'il est enfermé dans une boîte. Ne l'oublions-pas !

LE
VIN

Les morceaux caquetés en paraissent meilleurs

Écrire «le vin», c'est déjà poser une question ; que dis-je, une question. Non, mille ! Par sa complexité et sa diversité, le vin échappe à l'analyse la plus minutieuse. On y perçoit des arômes subtils, on y cherche des souvenirs, on s'y perd souvent. Aussi ne procéderons-nous pas comme à l'accoutumée. Plus modestement qu'en d'autres chapitres, nous nous contenterons de chercher à décrire ce produit divin, afin de mieux l'apprécier ; l'entreprise n'est pas qu'intellectuelle, car selon Grimod de la Reynière, «les morceaux caquetés en paroissent meilleurs».

Parce que le vin est un liquide, nous pouvons le traiter différemment des plats, quand nous le dégustons. Un vin se goûte d'abord à l'œil : on étudie sa «robe» ; puis au nez, on hume ses arômes ; enfin à la bouche, en plusieurs temps, on confirme ou l'on modifie les premières impressions, on recherche des goûts et d'autres arômes, et l'on analyse leur évolution et l'harmonie générale.

Déguster avec l'œil

On scrute la robe du vin en inclinant légèrement le verre et en le regardant par-dessus, de façon à voir une épaisseur décroissante de liquide.

L'œil distingue plusieurs caractéristiques : la nuance (c'est-à-dire la couleur) ; les reflets ; la franchise (la transparence, la limpidité, la turbidité) ; et l'éclat (la luminosité, c'est-à-dire le caractère brillant ou terne).

L'œil dit beaucoup à qui sait l'utiliser. La couleur est-elle claire ou profonde ? A-t-elle des nuances qui vous rappellent d'autres nuances détectées à l'occasion d'une dégustation précédente ? La robe est-elle jeune et fraîche, ou un peu assombrie par l'âge ? Qu'indique le disque coloré : l'intensité de la robe se maintient-elle jusqu'au bord du verre, signe d'un produit de qualité ?

Pour décrire ces impressions, choisissez parmi les termes suivants : robe de framboise, soutenue, bel ambre, jaune paille, légère, limpide, brillante ; reflets cerise, violacés, rosés, rubis, vieux-rose, grenat, verts, jaunes-vert ; des pleurs jaunes, clairs, visqueux... La liste n'est pas exhaustive, car le vin est tout poésie.

Boire par le nez

Le nez, l'Organe des amateurs de vin ! Il perçoit quatre caractères : le bouquet, la finesse, l'arôme et l'évolution.

Le bouquet, d'abord, peut être plus ou moins ample : effacé ou puissant sont des qualificatifs usuels. La finesse, ensuite, est une notion surtout qualitative : le vin peut être commun, voire vulgaire, ou élégant, racé. L'arôme correspond aux parfums du vin : un vin peut être floral parce qu'il a des odeurs de violette ou de pivoine, par exemple ; il peut être fruité, parce qu'il sent la framboise, la cerise ou la prune ; il peut évoquer des odeurs de bois, de champignons (telle la truffe), présenter des odeurs animales. L'évolution enfin est primordiale : si un vin est trop jeune, on notera qu'il est fermé ou, au contraire, agressif ; s'il est trop vieux, on le trouvera fané, usé.

Pour mieux juger les arômes d'un vin, pour les traquer, il fait avoir une idée de ce que l'on peut chercher. La liste des descripteurs suivants devrait être utile : arômes exubérants de groseille, de framboise, de violette, fleurs, fruits mûrs, champignons, sous-bois, bois neuf, sauvage, de gibier, de caramel, présent, au fruit, acidulé, plaisant, de cuir, développé, rustique, fumé, fruité, complexe, de tabac, de fruits rouges, de bourgeon de cassis, racé, d'amandes grillées, de fruits frais, acidulé, de poivron vert...

Cherchez dans vos souvenirs ceux qui correspondent le mieux au vin que vous buvez et profitez de l'euphorie de la dégustation pour quitter une pudeur excessive. N'hésitez pas à être un peu personnel : pour le même vin, où les dégustateurs occidentaux distinguent des arômes de fruits rouges ou noirs, des jurys japonais reconnaissent des parfums de fruits de la mer !

Le début de l'extase

La bouche, enfin, donne d'abord une confirmation des caractères préalablement identifiés au nez, puis permet de procéder à l'identification de quatre caractères : la puissance en bouche, qui est relative au degré d'alcool du vin (vin léger ou vin corsé) ; l'onctuosité, qui est le fait de la glycérine, laquelle donne «du gras», ou qui résulte de la présence de sucre pour les vins blancs moelleux (un vin rouge pourra être maigre ou gras ; un vin blanc sera sec ou liquoreux) ; l'acidité qui rend le vin acerbe (à mi chemin entre l'incisif et le piquant) quand elle est trop forte, ou fait un vin plat et mou quand elle est insuffisante ; la tenue, qui résulte de facteurs biochimiques variés, tels que le degré d'alcool, la concentration en glycérine, la concentration en sucre et l'acidité, déjà évoqués, mais qui fait aussi intervenir d'autres facteurs, telle la concentration en tannins, lesquels font «tenir» le vin en bouche, lui donnent de la longueur en bouche.

La tenue, impression très synthétique, correspond aussi à ce que certains œnophiles nomment la constitution. Celle-ci varie, entre les vins de bonne tenue, ou bien charpentés, et les vins creux ou maigres.

Si l'analyse gustative permet de corriger l'analyse olfactive qui la précède, la dégustation au nez, après le premier passage en bouche, permet d'affiner cette analyse gustative : les parfums remontent de la gorge vers les voies nasales.

On n'oubliera pas, enfin, de juger l'astringence du vin, surtout de la pointe de la langue, son amertume, son caractère sucré, ou éventuellement salé (rare), et sa persistance, c'est-à-dire du temps pendant lequel, après la déglutition, le palais reste imprégné des diverses sensations ressenties en bouche. Une bonne persistance est le signe d'un vin intéressant. On la note en mesurant le nombre de secondes que les sensations persistent ; on dira par exemple : «ce vin tient cinq caudalies» si les sensations persistent pendant cinq secondes. Avec certains vins exceptionnels, on a le sentiment que les arômes reviennent, après quelque temps : on dit alors que le vin fait la queue de paon.

Boire, enfin

Pratiquement, le dégustateur poura utiliser deux méthodes différentes ou les utiliser l'une après l'autre.

Dans la première, on boit sans l'avaler une petite quantité de vin ; plaçant d'abord le vin juste derrière les dents, on y plonge la pointe de la langue afin de déterminer l'astringence (une impression de rapeux, typique des vins tanniques et que l'on apprendra à reconnaître en machant un pétale de rose), un goût sucré éventuel (un vin sucré donne une sensation nette sur la pointe de la langue, jointe à une impression en bouche plus ou moins huileuse ou pâteuse) ou l'acidité (impression de fraîcheur sur les côtés de la langue). Puis, maintenant la tête en arrière, on entrouvre légèrement les lèvres pour aspirer un filet d'air et aérer le vin : de nouvelles saveurs «de rétro-olfaction» apparaissent ; ce sont des arômes moins volatils que ceux humés en pointant le nez dans le verre.

Dans la seconde méthode, on mâche le vin en le faisant tourner dans la bouche ; on perçoit alors le corps et le gras du vin. Notons enfin que, quand on déguste plusieurs vins à la suite, il est courant de recracher dans un seau.

Pour décrire les sensations en bouche, on piochera dans la liste d'adjectifs suivante : vineux, plein, agressif, accrochant (synomyne de mordant ; l'accroche d'un vin est due à son amertume ou à son tannin), âpre (plus péjoratif que grossier), rond, charmant, étoffé, volumineux, ample, souple, gouleyant (vin facile à boire et rafraîchissant), charnu (vin si corsé et si riche que l'on a le sentiment qu'on pourrait le mâcher ; les vins riches en tannins sont souvent charnus ; on dit qu'ils ont de la mâche), franc, riche, vif, structuré, fruité, plat, alcoolisé, lourd, de finale vive, aux arômes équilibrés, charpenté (bien structuré en tannins), tannique en fond de bouche, persistant, gras (des vins riches, pleins de matière, emplissant bien la bouche), de bonne tenue, léger (faible en alcool), velouté, soyeux (flattant le palais par sa douceur analogue à celle de la soie), capiteux, jeune, ferme, onctueux, corsé (très riche en alcool, monte à la tête), astringent (pour des vins aux tannins abondants, encore trop peu modifiés, comme nous le verrons, et manquant de souplesse, tels les Médocs jeunes), acide ; et pour les défauts : éventé, madérisé, oxydé, séché, plat, court (qui procure une sensation aromatique trop fugitive, sans longueur en bouche).

La note d'ensemble n'est ni vraiment objective ni tout à fait subjective : elle est objective parce qu'elle ne peut être bonne si des défauts sont manifestes, mais elle reste en partie subjective parce qu'il se peut aussi que toutes les impressions aient été bonnes, mais que le vin procure peu de plaisir.

Améliorer un vin ?

La tentation est grande, devant le prix du vin, d'acquérir des vins de bas prix et de tenter de les améliorer.

Le vin est trop léger ? Le chimiste lui ajouterait de l'alcool éthylique. Il manque d'arômes ? Pourquoi ne pas essayer une goutte de liqueur de cassis ou d'extrait de vanille ? Il manque de corps ? Un peu de glycérine, par exemple... Pas assez tannique ? On met les tannins qu'il faut. Vous aimez le goût de vin vieux ? Un peu de vanilline, voire de Madère ou de Porto. Vous le préférez fleuri ? Un soupçon de linalol. Séduit par les Bordeaux ? Tentez le n-octanol et la 2-méthoxy-3-isobutylpyrazine. Vous préférez l'arôme de cuir des bourgognes ? Du paraéthylphénol... Et puis d'autres composés, encore, qui sont présents naturellement dans le vin mais qui peuvent se révéler insuffisamment présents dans la bouteille que vous avez en main : méthylanthranilate d'éthyle, paravinylphénol, lactones du bois (composés extraits par le vin des fûts de chêne), cannelle, noix muscade, acétaldéhyde (le principal aldéhyde de tous les vins, et que l'on trouve en forte proportion dans les xérès, auxquels il confère un goût typique) ; dans les vins légers, une petite quantité d'acétaldéhyde met le bouquet en valeur (en excès, il est indésirable, instable et cause une oxydation)...

Je ne voudrais pas laisser croire que de telles manipulations sont des panacées : certains vins sont des œuvres d'art, des Jocondes alimentaires que des essais hasardeux ont peu de chances de reproduire, et le bouquet de bien des produits proposés par de francs vignerons ne sont pas réductibles à ces trucages simplistes. Le chimiste doit également prendre garde à sa santé, en n'utilisant que des composés non contaminés par des substances dangereuses... et en n'abusant pas des essais : l'ivresse l'attend au tournant.

Votre vin de fruits

Pour comprendre pourquoi le vin est un joyau de complexité, examinons la préparation d'un «vin» original : de framboises, de fraises, de cassis, de pommes de terre... On peut en effet faire du vin à partir de presque n'importe quel fruit.

Le vin est produit par la fermentation du sucre des raisins. Une recette consiste à placer ces derniers (ou d'autres fruits, ou des pommes de terre bouillies avec du sucre et du jus de citron, par exemple) en présence de levures de boulanger dans un pot ouvert. Dès que la fermentation a eu lieu, on verse le liquide dans un récipient en le filtrant, puis on bouche hermétiquement. Bien entendu, c'est le raisin qui se prête le mieux à la fabrication du vin.

Les vignerons choisissent soigneusement les souches de levures qu'ils utilisent. Pour faire un bourgogne ou un côtes du Rhône, ils emploient souvent des levures de *Saccharomyces cerevisiae*, de souche Montrachet, qui fermentent entre 18 et 25 degrés en quelques jours. Ils font les vins blancs à température inférieure, car le rendement en esters fruités est supérieur. Pour produire du vin pétillant, ils ont recours à des souches qui effectuent une fermentation secondaire, tel *Saccharomyces bayanus*.

De même, le type et la quantité de sucre contenu dans le jus de fruits est fondamental : un moût contenant 20 pour cent de sucre produit un vin contenant douze pour cent d'alcool. De ce point de vue, le raisin est idéal : les autres fruits contiennent généralement trop peu de sucre, et l'on doit en ajouter avant la fermentation.

L'acidité, également, joue un rôle dans le développement des levures. La fermentation idéale s'effectue lorsque le jus est acide (pH compris entre 3,2 et 3,6). En fin de fermentation, il est préférable d'avoir un peu d'acidité, car la basicité éteint le vin. En outre, quand le jus est trop basique, des substances indésirables risquent d'être produites : d'où l'intérêt, pour vos essais de vins de fruits, du jus de citron ajouté en début de fermentation.

Pendant la fermentation, plus la température est élevée, et plus l'extraction de tannins et de couleur est importante si le jus est en présence des pulpes et des rafles. A température trop élevée, toutefois, les levures produisent des substances (acides décanoïque et octanoïque, et esters correspondants) qui neutralisent leur propre faculté de se nourrir et les font mourir. Les vins rouges les plus pleins, les plus sombres, les plus tanniques et dont la durée de vie potentielle est la plus longue restent en contact avec les peaux pendant 10 à 30 jours (les peaux contiennent à la fois les pigments nommés anthocyanines et les tannins) ; les vins rouges plus légers sont, en revanche, séparés des peaux au bout de quelques jours seulement ; les vins blancs sont obtenus par fermentation de jus seul.

Quand la fermentation est terminée, c'est-à-dire quand des bulles ont cessé de se former (la fermentation proprement dite s'effectue en vase clos non étanche, dans un endroit frais et aéré), siphonnez le jus et placez-le dans un récipient stérilisé. Puis ajoutez une petite quantité d'une solution à dix pour cent de métabisulfite de sodium, qui protégera contre l'oxydation et clarifiera le produit.

Les vignerons, eux, effectuent une «flash pasteurisation» : afin de tuer les levures, on porte le vin à 80 degrés pendant 30 secondes environ. Les levures sont inactivées au dessus de 36 degrés, et les enzymes sont détruites au-dessus de 65 degrés. Le métabisulfite de sodium est, dans l'industrie vinicole, remplacé par l'anhydride sulfureux ou l'acide ascorbique, qui sont des substances aseptisantes.

Puis «collez» votre vin afin de le rendre limpide : après la fermentation, le vin contient des matières en suspension, qui risquent de donner un trouble en bouteille. Le collage clarifie le vin et élimine certaines de ses caractéristiques indésirables. Les clarifiants les plus courants sont le blanc d'œuf, la gélatine, la bentonite, la colle de poisson et la caséine. Le blanc d'œuf, chargé positivement, élimine les matières chargées négativement (par exemple les tannins indésirables ou les anthocyanines), tandis que la bentonite, chargée négativement, élimine les matières chargées positivement (protéines et autres matières organiques).

Enfin, parfois, le vin est mis à vieillir en fût de bois (généralement du chêne), où les tannins du bois sont extraits par l'alcool, puis réagissent progressivement avec lui, engendrant divers aldéhydes, puis des molécules odorantes comme la vanilline (voilà pourquoi je vous engageais à en mettre dans certains vins un peu faibles ; voyez aussi le chapitre consacré aux alcools).

Pourquoi le vin rouge brunit-il en vieillissant ?

Le vin rouge doit sa couleur aux pigments végétaux nommés anthocyanines. Quand il vieillit, les anthocyanines réagissent avec d'autres composés sans couleurs mais amers, qui sont également présents et collectivement désignés sous le nom de tannins. Cette réaction supprime les tannins, qui précipitent (d'où le dépôt dans certains vins vieux) et améliore le goût du vin parce qu'elle évite l'amertume. Un vin trop vert, astringent, s'arrondit. Quand le vin continue de vieillir, la réaction fait disparaître le rouge des anthocyanines et laisse les tannins bruns visibles.

Pourquoi le vin blanc perd-il ses reflets verts en vieillissant ?

La couleur des vins blancs est notamment due à la présence de la quercitine, une molécule qui devient brune quand elle s'oxyde progressivement. Initialement les jeunes vins blancs ont une teinte verte, du fait de la chlorophylle qui est extraite lors de la fermentation, mais progressivement la quercitine domine la robe et l'enrichit.

Comment conserver le vin ?

Voilà une question dont la réponse n'est fondée que sur l'expérience : la science, hélas, ne l'a pas étudiée. La température de la cave, dit-on, doit être constante et comprise entre 8 et 15 degrés toute l'année ; les bouteilles doivent reposer sans mouvement, dans l'obscurité, et l'air de la cave doit être sain.

Toutes ces monitions mériteraient vérification, car elles contredisent d'autres histoires, telle celle de ces vins de Bordeaux qui étaient améliorés, dit-on, par un aller-retour aux Indes : quel repos et quelle fraîcheur !.

Reste que les rayonnements ultraviolets de la lumière solaire sont à éviter, car ce sont des stimulateurs des réactions chimiques, qui altèrent le vin ; les bouteilles en verre brun protègent mieux que les bouteilles en verre vert. Une partie des effets photochimiques des ultraviolets pourrait s'inverser, prétend-on, par le séjour dans l'obscurité complète, pendant quelques mois.

Pourquoi le vin pleure-t-il ?

Les larmes du vin, qui font dire aux amateurs d'un air entendu : «Ah ! Ce vin a de la jambe», sont dues à la présence d'alcool dans l'eau, mais leur mouvement dépend également de la présence du glycérol (le nom chimique de la glycérine). Les larmes sont d'autant plus nettes que le degré alcoolique est élevé. On confond souvent les jambes qui redescendent quand on a incliné le verre, et les larmes proprement dites, qui se forment spontanément, à température ambiante, quand le verre est immobile.

Le physicien britannique James Thomson a supposé, en 1855, que les larmes du vin résultaient de différences de mouillabilité entre le vin du verre et le vin qui s'était appauvri en alcool en raison de l'évaporation de ce dernier.

Le phénomène est le suivant : dans un verre immobile, le liquide monte spontanément le long des parois, forme une mince couronne à quelques millimètres au-dessus de la surface du vin, puis redescend sous forme de larmes qui se remélangent au vin. La couronne étant alimentée par un flot ascendant de liquide, les larmes persistent plusieurs minutes après que le vin a été versé dans le verre.

Si le verre ne contenait que de l'eau pure, dans une atmosphère humide, ces larmes n'existeraient pas. Avec du vin, la couronne est régulièrement alimentée : le mélange eau-alcool mouille le verre, formant un ménisque à l'extrémité duquel l'évaporation de l'alcool est plus rapide que celle de l'eau. L'appauvrissement de cette extrémité provoque une aspiration du vin, du fond du verre jusqu'au sommet du ménisque. La solution appauvrie en alcool, simultanément, redescend dans le verre.

Quand les larmes redescendent, l'eau presque pure qu'elles contiennent vient au contact du vin qui est resté dans le verre et, parfois, la différence des mouillabilités fait que les deux liquides ne se mélangent pas. L'effet est le même que lorsque l'on vide un évier où l'on a fait la vaisselle : le détergent reste parfois accroché à l'émail, de sorte que lorsque l'on dépose des gouttes d'eau, elles ne mouillent pas l'évier ; ici c'est l'alcool qui joue le rôle du détergent (ou tensio-actif, pour reprendre le terme utilisé à propos des émulsions : mayonnaise, béarnaise, etc.) avec son groupe insoluble dans l'eau CH_3CH_2 – d'un côté, et son groupe hydrophile – OH de l'autre.

A ce jour, les physico-chimistes qui ont étudié les larmes du vin ont conclu que l'alcool et l'eau du vin ne donnent pas le dernier mot du phénomène : le glycérol, notamment, modifie notablement leur dynamique. Nous avons déjà vu que la douceur et la texture glissante (la viscosité) du glycérol en font un composé intéressant dans le vin ; ce que nous n'avons pas vu, encore, c'est que ce composé est produit par la pourriture noble (le champignon *Botrytis cinerea*) qui, dans certaines conditions, attaque les raisins dont il abîme la peau ; il provoque ensuite l'évaporation de l'eau contenue dans les grains. Les grains enrichis en glycérol, engendrent des vins doux et lisses.

Faut-il aérer un vin avant de le boire ?

Cette grave question divise les auteurs d'ouvrages consacrés au vin, mais la science, à nouveau, contribue peu à la résoudre. La meilleure règle semble être d'ouvrir la bouteille un peu à l'avance et de le goûter : si le vin est un peu rude, on l'aérera, par exemple en le transvasant dans une carafe ; sinon on le laissera dans sa bouteille afin d'éviter que l'oxydation ne le détériore.

Cette méthode a l'avantage d'indiquer si la température idéale de consommation est atteinte (on sert les vins rouges forts d'arômes plutôt chauds, de sorte que les arômes volatils se dégagent mieux ; toutefois une chaleur excessive est à éviter : l'alcool se volatiliserait dans l'air ambiant et le vin deviendrait suave). Soyez prudents dans vos manipulations avec les vins légers, qui se détériorent plus facilement que les vins vieux et chargés.

Et maintenant, concluons comme Rabelais : «Trink !».

LES
ALCOOLS

Comment distiller ?

Naguère les bouilleurs s'installaient aux abords des villages avec leur carriole et leurs alambics en cuivre, pour distiller le cidre, le vin et les jus fermentés de divers fruits : poires, pommes, prunes... Le principe de la distillation est simple : comme l'alcool éthylique bout à 78 degrés et l'eau à 100 degrés, on sépare l'alcool de l'eau en chauffant le mélange des deux corps ; l'alcool, qui part le premier, est condensé dans un serpentin, tandis que l'eau reste dans la cuve.

En pratique, les opérations sont un peu plus complexes, car on vise la récupération non d'alcool pur, mais d'alcool aromatisé. Enfin on doit éliminer le méthanol, ou alcool méthylique, en éliminant les toutes premières fractions distillées : cet alcool est toxique et, notamment, rend aveugle (il participe toutefois au bouquet, quand il est en faible concentration dans certains alcools blancs).

On doit notamment savoir qu'une eau de vie de qualité ne peut être obtenue qu'à partir de vins blancs assez acides, de faible degré alcoolique et de bouquet assez léger, car la distillation des vins très parfumés donne des produits trop chargés.

D'autre part, il n'est pas anodin que la cuve à distiller soit en cuivre : les atomes de cuivre fixent les acides gras du vin et captent également le soufre de l'anhydride sulfureux souvent présent dans les vins blancs.

Si la distillation n'était pas interdite, chacun pourrait facilement la pratiquer chez soi : il suffirait de placer le mélange à distiller dans une cocotte minute, de brancher un tuyau sur la soupape de sécurité et de faire couler de l'eau froide sur le tuyau afin de condenser les vapeurs distillées. Un ou deux passages successifs, avec élimination des premières et dernières fractions, qui concentrent divers produits toxiques, procureraient l'alcool de degré voulu.

Whisky amélioré ?

Une fois l'alcool formé, on pourrait ensuite l'améliorer aromatiquement en le laissant vieillir dans des bouteilles où l'on aurait placé des baguettes de bois sec (dans l'Est de la France, on emploie souvent du noisetier). Progressivement la lignine du bois serait dégradée par les acides de l'eau de vie en aldéhydes phénols, qui seraient ensuite oxydés en acides phénols : l'acidité de l'eau de vie serait réduite tandis qu'apparaîtraient des composés aromatiques, tels les acides synapique, synringique, vanilique, férulique.

Pourquoi du bois sec et non du bois vert ? Parce que le bois vert contient de l'aesculine (amère), qui se transforme progressivement en aescutine (plus douce) quand le bois sèche. Mieux encore, la baguette en question peut être brièvement chauffée à la flamme du feu avant d'être placée dans les bouteilles : l'opération, effectuée par les tonneliers, qui chauffent les douelles, fait apparaître d'autres composés intéressants.

Et puisque des composés comme la vanilline sont présents dans les alcools vieillis au contact du bois, pourquoi ne pas accélérer le vieillissement en ajoutant d'emblée ces composés à des alcools jeunes ? Je vous recommande ainsi l'ajout de quelques gouttes d'extrait liquide de vanille dans du whisky : arrêtez avant que le whisky ne sente la vanille, vous aurez gagné en rondeur.

Distiller par le froid ?

Une autre méthode de distillation moins connue mais peut-être encore plus simple que la précédente, consisterait à placer le mélange à distiller dans un congélateur : en gelant, l'eau se regrouperait en un bloc de glace, se séparant de l'alcool et des autres composés, qui resteraient dans la phase liquide.

Hélas la loi interdit également cette façon de procéder...

Pourquoi l'alcool enivre-t-il ?

Le composé que l'on désigne communément par alcool et que les chimistes nomment alcool éthylique, ou éthanol, n'est qu'un des membres de l'immense classe chimique des alcools. Pur, c'est un composé incolore et odorant, qui brûle la langue.

Sur sa formule chimique, CH_3CH_2OH, on repère sa fonction alcool au groupe OH, qui remplace un atome d'hydrogène dans l'éthane (composé de formule CH_3CH_3).

Pourquoi ce nom d'alcool ? Parce que le mot arabe *al Kohl* signifie «fine poudre» En effet, les Égyptiens se teignaient les paupières avec un composé inorganique, le sulfure d'antimoine, qu'ils obtenaient par broyage ; puis le nom fut donné à l'essence de n'importe quoi, notamment au liquide obtenu par distillation du vin, quand cette opération fut inventée par Avicenne au 10e siècle.

Pourquoi l'alcool enivre-t-il ? Parce que c'est un stimulant du cerveau, qui libère le cortex des contrôles inhibiteurs : voilà pour l'excitation des buveurs, au moins dans les premiers stades de ce que les hygiénistes nomment l'«intoxication alcoolique». L'alcool, plus précisément, agit en interagissant lors de la neurotransmission : les cellules du cerveau nommées neurones fonctionnent en recevant des informations d'autres neurones, en calculant la somme des activations et des inhibitions, et en stimulant des neurones plus en aval selon la somme calculée. Un neurone active des neurones plus en aval en libérant des molécules de «neuromédiateur», qui se fixent sur des molécules «réceptrices» des neurones d'aval.

Le neuromédiateur avec lequel l'alcool interagit est l'acide gamma-aminobutyrique, ou GABA, dont l'action est inhibitrice : en se fixant sur ses récepteurs, le GABA les déforme et facilite l'entrée d'ions chlorure dans le neurone, qui devient moins excitable.

En revanche, l'alcool, quand il se fixe sur les récepteurs du GABA, facilite la fixation du neuromédiateur, de sorte que le GABA se lie plus difficilement, et que les neurones en aval sont moins inhibés.

Connaissant maintenant le détail des dangers que nous font courir les boissons alcoolisées, restons tempérant...

LES
CONFITURES

Pourquoi le jus de citron
fait-il prendre les confitures ?

La confiture ? Sa préparation est si simple qu'on la confierait aux enfants s'ils ne risquaient de se brûler : du sucre, un soupçon d'eau, des fruits et la mise en bocal fermé. Le tour est joué.

Dans le détail, toutefois, on rencontre quelques difficultés, non pas du point de vue de la conservation, mais de celui de la texture : comment obtenir une confiture qui se tienne ? Pourquoi certains fruits font-ils de meilleures confitures que d'autres ?

La clef des confitures, c'est une longue molécule nommée pectine, présente dans les parois de cellules végétales en proportions variées. C'est elle la molécule gélifiante. Composée d'un enchaînement de groupes cycliques hexagonaux à cinq atomes de carbone et à un atome d'oxygène, liés par de courts segments, la pectine est, comme les protéines, une sorte de long fil qui comporte des groupes acides COOH, susceptibles de s'«ioniser», l'atome d'hydrogène perdant un électron.

Cette ionisation est importante pour la fabrication des confitures, parce que, quand elle a lieu, les molécules de pectine ont toutes la même charge électrique : elles se repoussent.

Pour former le gel qu'est une confiture, par enchaînement de molécules de pectine, on doit éviter cette répulsion ; on doit s'arranger pour que les molécules de pectines, détachées des fruits par le chauffage de ces derniers, se réassocient en un réseau tridimensionnel qui emplit tout le récipient.

On comprend ainsi quelles sont les conditions de la réussite : les fruits doivent apporter une quantité suffisante de pectine, et le milieu doit être assez acide pour que les groupes acides de la pectine ne se dissocient pas et que les répulsions électrostatiques entre les molécules soient réduites*.

Tirons des conclusions de cette analyse. Tout d'abord, le mélange de sucre et de fruit doit cuire assez pour que la pectine soit extraite des parois cellulaires. Le sucre, qui doit être fortement chauffé, fait sortir l'eau des cellules vers le sirop général (par osmose) ; il endommage donc les cellules, qui libèrent davantage les molécules de pectine. Comme le sucre augmente la température d'ébullition du mélange (l'eau pure bout à la température de 100 degrés, mais un mélange d'un litre d'eau et de 900 grammes de sucre ne bout qu'à 130 degrés), il favorise en outre l'extraction des pectines.

---

* Plus précisément, le pH du milieu doit être voisin de 3,3.

La quantité de sucre doit être importante, car même en solution acide, les pectines ne gélifient pas facilement : elles se lient plutôt avec l'eau qu'entre elles. Si l'on ajoute du sucre, celui-ci attire les molécules d'eau, et laisse les molécules de pectine esseulées ; elles se marient alors en famille : le gel apparaît. Certains fruits, toutefois, ne comportent pas assez de pectine pour former un bon gel (mûres, abricots, pêches, fraises) ; ils doivent être additionnés de fruits où la pectine est abondante (raisins, pommes et la plupart des baies). Enfin les fruits qui ne sont pas naturellement acides doivent être additionnés de jus de citron, qui évite l'ionisation des groupes acides des molécules de pectine et évite leur répulsion.

Combien de pectine ?

Les amateurs de confitures le savent bien : les confitures trop fermes sont rarement bonnes. Pourquoi l'ajout de pectine, s'il améliore la conservation, est-il toutefois nuisible ? En explorant les relations entre la consistance et le goût des confitures, des physico-chimistes du Laboratoire de recherches sur les arômes de l'INRA, à Dijon, ont déterminé quelques «ingrédients méthodologiques» d'une bonne confiture de fraise. Les résultats se généralisent facilement à d'autres fruits.

Traditionnellement, nous l'avons vu, on fabrique les confitures de fraises en chauffant des fraises dans un mélange de sucre et d'eau ; après quelques instants d'ébullition, où l'eau en excès s'évapore et où les microorganismes présents sont tués, on verse la préparation dans des pots stériles. Doit-on couvrir la marmite ? Doit-on chauffer lentement ou à gros bouillons ? Des fraises de mauvaise qualité font-elles néanmoins une bonne confiture ? Quelle est l'action réelle de l'ajout d'un produit gélifiant ? L'importance de ces questions a motivé les études des physico-chimistes dijonnais. Si la consistance des confitures industrielles semblait appropriée, il était notoire – et peut-être inexact – que de nombreux produits industriels n'avaient pas les qualités aromatiques des confitures de nos grands-mères. Où était l'éventuelle erreur méthodologique de l'industrie ?

Sachant que certains produits nommés hydrocolloïdes, utilisés pour augmenter la viscosité des aliments, réduisent leur saveur et leur odeur, les physico-chimistes dijonnais ont d'abord étudié les relations entre le gel des confitures et les composés aromatiques présents. Plusieurs types de pectines sont utilisées par l'industrie agro-alimentaire : généralement des pectines très méthoxylées (avec beaucoup de groupes latéraux - nommés méthoxyle) servent à gélifier les aliments contenant beaucoup de sucre, et des pectines peu méthoxylées servent plutôt pour les produits non sucrés. Les chercheurs de l'INRA ont donc comparé cinq confitures contenant de la pectine très méthoxylée, à différentes concentrations, cinq confitures à pectines peu méthoxylées, à diverses concentrations, et une confiture témoin où la pectine ne provenait que des fraises.

L'évaluation des confitures, réalisées dans des conditions standard, a comporté deux volets : une analyse chimique des composés volatils, et une analyse sensorielle, lors de laquelle des dégustateurs sélectionnés ont décrit les produits qui leur étaient soumis à l'aide de 25 termes préalablement définis, dont dix attributs de parfum et trois attributs de goût ; pour chaque échantillon, les dégustateurs notaient en outre leur appréciation de la consistance en bouche. Les dégustations avaient lieu dans une salle éclairée en lumière rouge, de sorte que la couleur des confitures (variable selon le type de préparation) ne puisse influencer l'appréciation gustative. Les dégustateurs ne recevaient que des échantillons anonymes, chaque confiture étant présentée en double exemplaire et dans un ordre aléatoire.

Des analyses chimiques préalables, où 31 composés volatils susceptibles de contribuer à l'arôme ont été identifiés, ont montré que les concentrations de ces produits dans les confitures diffèrent beaucoup selon les lots de fruits : la qualité des confitures dépend beaucoup de celle des fraises utilisées.

D'autre part, lors d'une évaluation préalable de la consistance des confitures par les dégustateurs, on a vérifié que les réponses des dégustateurs étaient cohérentes, et deux phénomènes inattendus sont apparus : tous les dégustateurs préféraient les confitures contenant peu de pectines très méthoxylées, et la concentration idéale était voisine de la concentration généralement utilisée dans l'industrie.

L'étape suivante fut la détermination des relations entre la perception sensorielle et la présence des pectines. On découvrit ainsi qu'avec les pectines très méthoxylées l'augmentation de leur concentration augmente la consistance et la viscosité, mais diminue la note sucrée, la note acide et la note caramel ; or les analyses montrèrent que seulement sept composés volatils analysés avaient une concentration notablement diminuée (le composé nommé mésifurane, qui apporte une note caramel, et divers esters à note fleurie ou fruitée).

Avec les pectines peu méthoxylées, d'autre part, la consistance orale augmente également avec la concentration, mais on doit utiliser trois fois plus de pectine qu'avec les pectines très méthoxylées pour obtenir la même consistance ; le jury n'a pas noté de variations sensorielles par rapport à la confiture témoin, bien que l'analyse chimique ait enregistré une augmentation de la concentration en plusieurs esters fruités.

Que conclure de ces études ? Que l'ajout des pectines affermit les confitures, mais en réduit les qualités gustatives. Comment ? On sait qu'une substance n'est sapide ou odorante que si elle diffuse bien vers les papilles ou vers les récepteurs du nez ; une liaison des composés aromatiques aux molécules de pectine, en bloquant la diffusion, réduirait les qualités aromatiques. Cette interprétation a été corroborée par des expériences où l'on extrayait les composés volatils en brassant les confitures en cours de préparation : l'analyse chimique a détecté, dans les vapeurs, des composés bien plus nombreux et en quantité bien supérieure que lors d'une cuisson frémissante, ce qui confirme que les liaisons entre la pectine et les composés volatils sont faibles.

Puisque la qualité gustative des confitures dépend beaucoup de la présence des composés volatils faiblement liés, les chercheurs ont voulu enfin connaître l'influence des conditions de préparation sur les qualités des produits ; ils ont finalement observé que les pertes de composés aromatiques par évaporation étaient considérables.

Autrement dit, on préparera une bonne confiture de fraises si l'on respecte les monitions suivantes : (1) choisir des fraises de bonne qualité ; (2) ne pas ajouter de pectine, puisque celle des fruits est généralement suffisante ; (3) ne pas trop agiter la préparation pendant la cuisson ; (4) chauffer lentement afin de bien extraire les pectines naturelles des fruits et d'éviter l'élimination des composés volatils, lors d'un brassage trop violent du milieu ou d'une extraction à la vapeur d'eau ; (5) si possible, récupérer les vapeurs, les condenser, en éliminer l'eau et replacer les condensats traités, riches en composés aromatiques, dans la confiture avant de la verser dans les pots.

LE
THÉ

Combien de temps le thé doit-il infuser ?

En Asie du Sud-Est, les feuilles de thé étaient sans doute mâchées ou infusées depuis les temps préhistoriques. Le thé est cultivé en Chine depuis le 4e siècle avant notre ère et son usage est passé au Japon vers le 6e siècle. C'est que si la pratique de l'infusion est universelle, toutes les herbes ou plantes ne sont pas douées des mêmes capacités de dégager des parfums, des saveurs...

Puis l'orientalisme et, il faut l'avouer, une certaine perfection du thé et de sa préparation, imposèrent le thé dans nos pays, qui ne parvenaient pas à oublier tout à fait que les gens des campagnes infusaient des végétaux depuis des temps immémoriaux : la menthe, le tilleul...

Cédons à la mode du thé. Combien de temps faut-il l'infuser ? Certains préconisent de le laisser plus de temps qu'il ne faut pour extraire toute la couleur, parce que certains arômes sortent des matières végétales plus lentement que les substances colorantes. C'est sans doute exact, mais la limite à ne pas dépasser est surtout celle qui correspond à l'extraction des tannins, substances amères et astringentes.

Si cette limite était franchie, il resterait la solution de mettre du lait dans le thé, mais...

Thé dans lait ou lait dans thé ?

Lors de la préparation d'un thé au lait, faut-il verser le thé dans le lait ou le lait dans le thé ? Ce problème ne se pose naturellement qu'à ceux qui, tels les Anglais, mêlent le thé au lait, mais sa solution expliquera peut-être pourquoi nos amis d'outre-Manche sont des adeptes de ce breuvage : préparé à leur façon, le thé perd son amertume naturelle.

Même sans avoir de goût pour le thé, on doit lui reconnaître une grande finesse : sa légère amertume laisse transparaître sa saveur délicate, ses parfums subtils. Comment avoir les seconds sans la première ? Tel est le rôle du lait, sans doute ajouté initialement pour sa douceur naturelle, mais qui se révèle posséder des propriétés anti-amertume.

Le thé est amer parce qu'il contient des tannins, ces mêmes composés qui donnent à certains vins une astringence, voire une amertume marquée, ces mêmes molécules qui font paraître amer un pétale de rose que l'on porte en bouche. Le lait, d'autre part, contient de nombreuses protéines, longues chaînes repliées sur elles-mêmes et qui «complexent» les tannins : elles se lient à eux, annihilant leur amertume.

Une vérification facile consiste à ajouter du lait cru et froid à du thé froid infusé pendant longtemps : l'amertume disparaît. Toutefois cette même expérience échoue «à chaud», parce que la chaleur dénature les protéines, c'est-à-dire qu'elle les déroule et leur fait perdre leurs propriétés complexantes. Si l'on ajoute à du thé trop infusé du lait qui a bouilli, l'amertume persiste. Pis encore, un goût de lait cuit vient masquer les parfums du thé !

Nous avons maintenant les éléments en main pour répondre à la question initiale : ajouté dans du thé très chaud, le lait aura ses protéines dénaturées ; l'amertume persistera ; au contraire, du thé chaud ajouté dans du lait froid perdra son amertume parce que la température finale du mélange ne sera pas supérieure, au moins au début, à la température de dénaturation des protéines : les protéines complexeront les tannins.

Changer la couleur du thé ?

Tant que nous y sommes à faire des «frelathés», disons un mot du citron. Pourquoi son jus éclaircit-il le thé ?

Contiendrait-il également des protéines qui complexeraient les molécules colorantes du thé ? Non ; l'explication est d'un autre ordre, plus chimique que physique. Remarquons d'abord que le thé additionné de jus de citron ne devient pas incolore, ni même jaune comme le jus de citron. Son rouge vire à l'orange, parce que ses pigments rouges sont des acides faibles (les acides sont les molécules qui contiennent un atome d'hydrogène capable de se détacher, dans certaines conditions). En présence de jus de citron, c'est-à-dire d'un acide plus fort, on voit la couleur jaune de la forme non dissociée .

En ajoutant du bicarbonate à du thé – je ne garantis pas le résultat gastronomique – on obtient l'effet inverse : une coloration brune intense due à la dissociation des groupes acides et à l'apparition de l'autre forme, dissociée, des pigments.

Comment ne pas renverser le thé en le versant ?

L'«effet théière» est l'un des plus désagréables de ceux que l'on rencontre en cuisine : avec certaines théières, celui qui sert sait à l'avance qu'il renversera le liquide bouillant sur les genoux de ses hôtes ou, au mieux, sur la nappe soigneusement lavée et repassée...

Les physiciens qui connaissent cet effet ont trouvé une parade, mais c'est une victoire à la Pyrrhus : ils essaient les théières avant de les acheter. L'effet a été étudié en 1956 par Marcus Reiner, de l'Institut Techneion d'Israel. Puis en 1957, à l'Université de New York, Joseph Keller a expliqué le phénomène.

En physique, on caractérise un écoulement de liquide par des lignes de courant, qui sont tangentes au vecteur vitesse de l'eau. Plus concrètement, on aurait une image de ces lignes en mettant dans le liquide qui s'écoule de petites particules colorées : les filets de couleur seraient ces lignes de courant.

Quand l'eau s'écoule sur une surface horizontale, les lignes de courant sont horizontales et parallèles, mais quand le liquide rencontre un obstacle, les lignes se resserrent et la vitesse du liquide augmente ; simultanément la pression diminue. L'augmentation de la vitesse est connue de tous les marins : quand un courant contourne une pointe, l'eau accélère devant la pointe.

La diminution de la pression, imperceptible par le marin, se manifeste hélas quand on verse le thé : au passage près du bord inférieur du bec, le courant est dévié vers le bas par le poids du liquide, de sorte qu'il accélère et que sa pression diminue.

La pression diminue au bord, avons-nous dit ? Comme les liquides ont tendance à se déplacer des zones de forte pression vers les zones de basse pression, le thé qui accélère est plaqué vers le bord de la théière. C'est ce que les scientifiques nomment l'effet Bernouilli et qui leur sert à faire couler un liquide le long d'un tube de verre ; dans le cas du thé, celui-ci suit fidèlement le contour de la théière... et finit sur la table !

LE FROID
ET LE FRAIS

Le frais, mais quel frais ?

Comment conserver longtemps les fruits et les légumes ? En les plaçant au frais aussi rapidement que possible, en isolant ceux qui sont déjà abîmés, en nettoyant soigneusement les récipients où ils sont placés. De tous les bienfaits de la science et de la technique, l'un des plus méconnus – parce que familier – est la réfrigération*. Pourtant seul un usage raisonné du réfrigérateur donne de bons résultats. Voici donc un mode d'emploi qui doit beaucoup aux résultats de l'équipe d'agronomes de la station INRA de Montfavet et à l'ouvrage intitulé *On food and cooking*, de Harold Mc Gee. Ce livre est une somme de tout ce qui a trait aux aliments et à leurs transformations culinaires.

Ce que l'on cherche à éviter, par le froid, c'est par exemple la dégradation des tissus végétaux. Idéalement on devrait consommer les légumes et les fruits au sortir du jardin, mais tant que les villes ne seront pas transformées en d'immenses champs, nous risquons d'avoir à conserver les aliments.

Or la composition des denrées change considérablement dans les quelques heures après la cueillette, parce que les cellules végétales continuent de fonctionner bien qu'elles ne reçoivent plus d'eau des racines.

Le maïs et les pois, par exemple, perdent jusqu'à 40 pour cent de leurs sucres en six heures, à la température ambiante. Pis encore, les asperges et les brocolis, une fois cueillis, utilisent ces sucres pour synthétiser des fibres ligneuses indigestes. Ce n'est pas une illusion vaguement sentimentale que de croire que le goût des légumes frais est bien différent de celui des légumes qui ont attendu dans l'office.

Le froid préserve ce goût du frais, ralentit la décomposition, évite la dégradation par les micro-organismes. Pourquoi ? Tout d'abord parce que les cellules végétales vivent plus lentement au froid qu'à température ambiante : les réactions biochimiques s'y produisent plus lentement. D'autre part, les micro-organismes sont également ralentis, de sorte qu'ils prolifèrent moins et dégradent moins les végétaux.

En revanche, les fruits et les légumes ne supportent pas tous le froid ; notamment certains végétaux des tropiques ont une sensibilité particulière. Les bananes, par exemple, sont endommagées par leurs enzymes, qui brunissent la peau. Les avocats s'assombrissent et ne mûrissent pas à température inférieure à 7 degrés. Les citrons et leurs cousins se tachent ; et les ananas, les melons, les tomates, les concombres et les poivrons verts se conservent mieux à 10 degrés qu'à température inférieure.

---

* Elle nous paraît aujourd'hui si naturelle qu'on en oublie même que la mise en conserve, l'«appertisation» de Nicolas Appert, fut une révolution sanitaire.

Les pommes de terre ramollissent à température inférieure à 4 degrés parce que la transformation de l'amidon en sucre ne cesse pas. La plupart des autres végétaux – carottes, choux, laitues, etc – se conservent bien vers zéro degré : leurs cellules contiennent des sels qui évitent la congélation par le même phénomène qui abaisse jusqu'à –17 degrés la température d'un mélange de glace et de sel.

Le grand froid

La congélation, si elle stoppe complètement les réactions respiratoires des végétaux, tue toutefois les tissus : l'eau des cellules forme des cristaux de glace qui percent les parois et les membranes végétales ; lors de la décongélation, les végétaux sont flappis, parce que parois et membranes brisés ne rigidifient plus la masse cellulaire. Pour éviter cet inconvénient, il faut refroidir aussi rapidement que possible : de la sorte, les cristaux de glace qui apparaissent sont nombreux et petits.

Une précaution encore : la congélation réduit considérablement les activités enzymatiques et chimiques, mais elle ne les bloque pas complètement. Le seul moyen de tuer toute activité consiste à blanchir les aliments : l'immersion rapide dans l'eau bouillante inactive les enzymes ; puis l'immersion dans l'eau froide stoppe la cuisson et affaiblit les parois cellulaires.

En revanche, on blanchit rarement les fruits, car le blanchiment leur fait perdre leurs arômes et leur texture. Le brunissement enzymatique des fruits sera plutôt bloqué à l'aide d'une solution de sucre, d'alcool ou d'acide ascorbique.

LE
VINAIGRE

L'acide de l'alcool

Le vinaigre se forme, on le sait depuis Pasteur, par fermentation de l'alcool éthylique par un champignon unicellulaire proche des levures, *Mycoderma aceti* : dans des conditions d'acidité limitées, à certaines concentrations en alcool et en présence de composés nutritifs, telles les protéines présentes dans le vin, les mycodermes se développent et forment un voile grisâtre, parfois aussi fin qu'une crêpe de soie, parfois plus solide.

Ces champignons absorbent l'oxygène de l'air et le fixent sur l'alcool, transformant ce dernier en acide acétique, dont la solution dans l'eau constitue le vinaigre. Les mycodermes aiment les émanations acides, et se développent mieux si le milieu est initialement un peu acide : pour faire du vinaigre, il est conseillé d'ajouter un peu de vinaigre déjà formé au vin que l'on veut transformer ; cet ajout a l'avantage qu'il évite la colonisation du vin par la «fleur du vin», un autre micro-organisme qui provoque la pourriture du vin.

Faut-il une mère pour faire du vinaigre ?

La mère du vinaigre, que l'on préconise souvent d'ajouter pour faire du vinaigre, est composée de mycodermes acétiques, mais qui se sont enfoncés dans la masse du vinaigre... et qui ont alors une action néfaste : au lieu de transformer le vin en vinaigre, ils détruisent ce dernier, dont ils consomment l'oxygène parce que, en solution, celui-ci leur fait défaut.

Pis encore, la mère du vinaigre détruit les composés aromatiques qui font le bouquet du vinaigre. La conclusion est sans appel : quand on fait du vinaigre, on doit absolument éviter la mère du vinaigre. Seul le voile en surface est bénéfique.

Le vinaigre se fabrique de diverses façons, mais la méthode orléanaise se pratique à l'aide de tonneaux en cascade : on ajoute régulièrement du vin dans le tonneau supérieur, et l'on soutire simultanément le vinaigre du tonneau inférieur. Plus précisément, pour faire 230 litres de vinaigre, on soutire chaque semaine 8 à 10 litres que l'on remplace par une égale quantité de vin. L'opération doit avoir lieu dans un récipient à moitié plein, de sorte que l'exposition à l'air soit maximale. La température doit être régulière, et le voile (qui se forme spontanément) ne doit pas être endommagé par l'ajout de vin.

On peut faire du vinaigre avec des fruits variés : raisins secs, miel dilué dans l'eau, cidre, poiré, fruits rouges... mais le meilleur se fait avec du bon vin. On peut aussi, comme chacun sait, faire des vinaigres aromatisés par diverses herbes, tel l'estragon.

Notons enfin que le vinaigre balsamique, fabriqué en Italie dans la province de Modène, est le seul qui se marie avec le vin que l'on boit pendant le repas. Ce vinaigre est fabriqué à partir de raisins blancs et sucrés. Après la cueillette, dès les premiers signes de fermentations, le moût est retiré des cuves, filtré et bouilli lentement. Puis il est à nouveau filtré et passé de tonneau en tonneau plus petit pendant que l'acétification a lieu et que le liquide se concentre. Essayez-le avec de l'huile de noix, pour accompagner une salade garnie de rondelles de truffes ! Son prix est bien supérieur à celui du vinaigre commun, mais quel plaisir de ne pas se gâcher la bouche lorsqu'on mange la salade.

LES USTENSILES
DE LA CUISINE

Comment récupérer des couverts en argent ?

Les couverts en argent, trésors de nos grand-mères, ornements de nos tables, plaisirs des yeux, ont un grave inconvénient : ils noircissent. Sont-ils en contact avec de l'œuf ? Leur éclat semble irrémédiablement perdu. Les lave-t-on dans un bac qui contient des matières métalliques moins nobles ? Ils s'assombrissent comme si leur noblesse ne supportait pas le contact de la glèbe.

Comment les récupérer ? La chose est simple ; les recettes abondent, mais certaines ne sont que des on-dit sans fondements. Veuillez trouver ici l'assurance de la parfaite efficacité des deux recettes suivantes.

Une première possibilité est l'utilisation d'eau oxygénée. En effet, l'argent n'est noir que parce qu'il est oxydé, généralement par du soufre : abondant dans les œufs, ce dernier se lie à l'argent en un composé insoluble de sulfure d'argent. L'eau oxygénée poursuit l'oxydation, transformant le sulfure insoluble en sulfate d'argent soluble. A réserver, par conséquent, aux couverts en argent massif.

Une deuxième possibilité, à peine plus complexe, est efficace pour les couverts plaqués : par électrolyse, on dissocie le soufre de l'argent et on préserve ainsi le placage des couverts.

En pratique, on tapisse le fond d'une boîte en plastique avec une feuille d'aluminium, on ajoute de l'eau chaude et une cuillérée à soupe de sel de cuisine ; puis on pose les objets noircis de telle sorte qu'ils soient en contact avec l'aluminium. Grâce au circuit électrique composé de la solution conductrice (le sel sert à rendre l'eau conductrice), de l'aluminium et de l'argent, la réaction chimique suivante a lieu : l'aluminium perd des électrons, qui s'écoulent dans l'argent métallique. A la surface des couverts, l'argent engagé dans une liaison avec le soufre capte ces électrons, reprend la forme métal, tandis que le soufre est libéré dans la solution, migre vers l'aluminium et forme un sulfure d'aluminium.

On accélère le traitement en utilisant de l'eau presque brûlante.

Pourquoi battre les blancs d'œufs dans des bassines en cuivre ?

Faut-il ou non utiliser une bassine en cuivre pour battre des blancs en neige ? On dit que le cuivre fait des blancs plus fermes que les autres matériaux, et une planche de l'*Encyclopédie* de d'Alembert et Diderot représente d'ailleurs, dans une cuisine, la bassine en cuivre à battre les blancs.

Scientifiquement le chapitre n'est pas clos. Apparemment les blancs montés dans une bassine de cuivre sont plus fermes que les blancs montés dans d'autres récipients, mais quelle en est la raison ?

Le «cul de poule», bassine hémisphérique en cuivre réservée au battage des blancs dans les grandes cuisines, a l'avantage de ne jamais recevoir de gras, lequel, on l'a vu, limite les liaisons entre les protéines des blancs d'œufs. Il se pourrait que ce soit la propreté parfaite des culs de poule qui conduisent à des meilleurs blancs en neige.

L'intérêt du cuivre est testé depuis le début du siècle, quand on a observé qu'une protéine du blanc, la conalbumine, se liait aux ions métalliques et devenait alors beaucoup plus résistante à la dénaturation. On a alors supposé que si la conalbumine se liait au cuivre du récipient où on la bat, le surbattage deviendrait plus difficile. Il a été vérifié que la conalbumine se liait bien au cuivre (la couleur des blancs battus dans du cuivre est différente de celle des blancs battus dans du fer, par exemple, parce que les complexes conalbumine-cuivre et conalbumine-fer ont différentes propriétés d'absorption de la lumière), mais il faudra encore de nombreuses études pour confirmer que la complexation des métaux est bien responsable d'une stabilisation des blancs. Et même dans cette hypothèse, il ne sera pas établi que les blancs battus dans du cuivre résistent mieux à la cuisson : rien ne vaut l'expérimentation.

Mentionnons toutefois que le cuivre doit être manié avec précaution : il est si toxique que de l'eau laissée à l'air libre n'est pas colonisée par les micro-organismes ambiants quand on y a placé du cuivre. Ce qui importe surtout, d'ailleurs, c'est la parfaite netteté du récipient. La présence de graisses, comme nous l'avons vu à propos du soufflé, nuit à la montée des blancs. Si vous avez un doute et que vous soupçonnez la présence de graisses, nettoyez le récipient en le frottant avec du sel et du vinaigre, ou encore avec un quartier de citron.

Pourquoi cuire dans des casseroles en cuivre ?

Les casseroles en cuivre semblent un luxe. En sont-elles vraiment ? La chose n'est pas certaine, car le cuivre conduit très bien la chaleur : tout excès de chaleur, en un point de la casserole, est rapidement dissipé, parce que la chaleur se propage rapidement vers le reste de l'ustensile. Une casserole en cuivre réagit donc rapidement aux variations de température, ce qui assure une cuisson par toute la surface du récipient, fond et bords, sans «points chauds», ou points de surchauffe qui piégeraient les molécules, les carboniseraient et donneraient un goût de brûlé à tout le plat. Avec du cuivre, il semble que l'on maîtrise mieux la température, que l'on puisse la faire varier à volonté, sans trop d'inertie, ce qui est indispensable pour les sauces les plus délicates et pour les plats mijotés.

Pour éviter le contact toxique du vert de gris, on doit toutefois recouvrir les ustensiles en cuivre d'étain pur, aujourd'hui par électrolyse. Cet «étamage» doit être renouvelé régulièrement. On n'étame toutefois pas les bassines à blanc d'œuf ni les poêlons à sabayon, car les fouets racleraient l'étain, qui est un métal assez mou. On doit, d'autre part, éviter de faire trop chauffer un récipient étamé sous peine de faire fondre l'étain.

Pourquoi ai-je quelques hésitations à vous faire l'éloge physique du cuivre ? Parce que, chimiste, je soupçonne que l'état de surface du matériau des casseroles intervient plus que la nature du métal lui-même : un cuivre poreux serait sans doute désastreux. Des études sont en cours...

Reste que le cuivre est beau. Cher aussi : on peut très bien le remplacer par un autre métal conducteur tel l'aluminium, mais il faut une certaine épaisseur pour éviter les coups de feu.

Pourquoi utiliser des cuillers en bois ?

La cuiller en bois, parfois nommée mouvette, est présente dans toutes les cuisines. Elle bénéficie de la mode du naturel, mais s'impose véritablement parce qu'elle ne conduit pas la chaleur. Laissée dans une préparation qui cuit, elle se laisse reprendre sans brûler les doigts de la cuisinière ou du cuisinier. Quelle bénédiction que cet ustensile dont le matériau, le bois, ne raye pas l'étain qui garnit l'intérieur des casseroles en cuivre !

LES MYSTÈRES
DE LA CUISINE

Questions sans réponse

Nous avons eu l'occasion, dans toute cette exploration du monde merveilleux de la Gourmandise, de découvrir des réponses. Pourtant la cuisine fourmille surtout de questions. Je rêve que la science nous aide à les résoudre.

En voici quelques unes :

On dit qu'un sabayon peut bouillir sans tourner si l'on ajoute une pincée de farine au mélange de jaune d'œuf battu dans un liquide (eau, vin, jus...). L'expérience montre que cette précaution est efficace. Comment la farine agit-elle ?

On apprend que du jaune d'œuf laissé avec du sucre semoule sans être travaillé ne s'incorpore ultérieurement plus avec la crème ou la pâte où l'on voudrait le mélanger : le jaune est brûlé. Qu'est-ce que cela signifie ?

Lors de la préparation d'un fond ou d'une sauce demi-glace, on fait longtemps bouillir des produits dans de l'eau. Lesquels sont entraînés par la vapeur d'eau (on le sent) et en quelle proportion ? Lesquels restent ? Comment agir sur cette répartition ?

Pourquoi peut-on chauffer un mélange d'huile et de beurre à température supérieure au beurre seul ?

On dit que l'ajout d'un liquide à un roux, lors de la préparation d'une sauce, doit être fait lorsque la casserole est hors du feu. Pourquoi ?

Comment pourrait-on éviter qu'un jus de pomme ne devienne noir ?

Pourquoi un bouillon que l'on prépare dans une casserole fermée par un couvercle se trouble-t-il et pourquoi doit-on le porter lentement à ébullition ?

Pourquoi le persil est-il utilisé dans les marinades courtes (un jour ou deux), mais est-il proscrit des marinades prolongées ?

Est-il exact qu'un cochon de lait que l'on porte sur la table doit avoir la tête coupée aussitôt, sous peine que sa peau ne s'amollisse ?

Pourquoi le pétrissage excessif d'une pâte à tarte la rend-elle caoutchouteuse ?

Pourquoi la purée devient-elle caoutchouteuse quand elle trop travaillée, ou qu'elle est travaillée à température trop chaude ou trop froide ?

Pourquoi l'ajout d'une petite quantité de liquide à une mayonnaise la blanchit-elle, en même temps qu'elle la fluidifie ?

Le métal du récipient où l'on cuit les confitures est-il important ?

Est-il exact que le champagne ne fait pas de bulles dans les verres qui ont été lavés à la machine ?

Une petite cuillère placée dans le goulot d'une bouteille de champagne ouverte évite-t-elle que les bulles ne soient perdues et pourquoi ?

Est-il exact que l'on évite un trop fort dégagement de mousse quand on verse d'abord une petite quantité de champagne dans le verre, avant de le remplir complètement ?

La vitesse de progression de la marinade dans la viande dépend-elle du type de viande ?

Peut-on monter un aïoli sans jaune d'œuf, avec seulement l'ail et l'huile ?

Pourquoi de la gélatine ajoutée à du lait bouillant le fait-elle tourner ?

Connaissez-vous la réponse à ces questions ? Je vous serais obligé de me les communiquer. Avez-vous d'autres questions ? Confiez-les moi : j'irai à la recherche des réponses.

En attendant, bon appétit !

glossaire

A

Aaah ! : le cri de ravissement que poussent les convives quand arrive le premier plat. Le tour de main qui déclenche les plus beaux «aaah !» n'est pas explicable en termes physico-chimiques.

Acide : toute substance qui donne l'impression d'acidité ; pour les chimistes, ce sont les molécules qui, en solution, libèrent des ions hydrogène H^+ (des atomes d'hydrogène qui ont perdu leur unique électron). En cuisine, les principales solutions acides sont le jus de citron et le vinaigre.

Acide acétique : le composé acide du vinaigre.

Acides aminés : en se liant comme les maillons d'une chaîne, ces molécules forment les protéines. Les molécules d'acides aminés sont caractérisées par la présence d'un atome de carbone auquel sont liés notamment un groupe acide COOH (la lettre C représente l'atome de carbone, O l'atome d'oxygène et H celui d'hydrogène) et un groupe amine NH_2 (avec un atome d'azote, N, lié à deux atomes d'hydrogène). Les organismes végétaux et animaux contiennent 20 sortes d'acides aminés.

Acide gras : longue molécule organique dont un atome de carbone du squelette porte un groupe acide COOH, dit carboxylique.

Acidité : sensation communiquée par des corps comme le vinaigre ou le jus de citron. L'acidité se mesure sur l'échelle des pH, de 0 à 14 : les solutions dont le pH est inférieur à 7 sont acides ; les autres sont basiques.

Actine : une des principales protéines des muscles, qui assure la contraction musculaire. Lors de la cuisson de la viande, l'actine coagule.

Albumines : protéines solubles dans l'eau, présentes dans le blanc d'œuf, par exemple.

Alcool : toute molécule organique dont un atome de carbone est lié à un atome d'oxygène lui-même lié à un atome d'hydrogène ($^-C^-O^-H$). L'alcool le plus commun, celui du vin, des eaux de vie et des liqueurs, est l'alcool éthylique, de formule CH_3CH_2OH.

Amidon : partie de la farine sous forme de granules composés de deux types de très grandes molécules : l'amylose et l'amylopectine. Chauffés en présence d'eau, ces granules gonflent et se soudent en un «empois».

Amine : molécule organique dont un atome de carbone est lié au groupe amine NH_2.

Amylase : enzyme qui décompose les molécules de l'amidon.

Amylopectine : c'est un polymère, c'est-à-dire une molécule formée par l'enchaînement de nombreuses petites molécules identiques. Les maillons de l'amylopectine sont des molécules de glucose. La molécule est ramifiée.

Amylose : Comme l'amylopectine, mais ce polymère est linéaire et soluble.

Aspartame : C'est un édulcorant, c'est-à-dire un composé à la saveur sucrée. Se dissocie à chaud en libérant la phénylalanine, amère.

Atome : assemblage que l'on représente classiquement sous la forme d'un noyau autour duquel gravitent des électrons. Le noyau est constitué de protons, particules de charge électrique positive, et de neutrons. Les électrons, ayant une charge électrique négative, sont généralement retenus près des noyaux par les forces d'attraction électriques qui s'exercent entre les charges opposées.

Autoxydation : réaction chimique qui provoque le rancissement des graisses. S'effectue rapidement en présence d'oxygène.

B

Bactérie lactique : organisme à une seule cellule, qui libère de l'acide lactique. On en trouve dans la choucroute ou dans la pâte à pain qu'on laisse fermenter naturellement (le levain).

Béarnaise : un des fleurons de la cuisine française (j'ai un faible pour elle ; ne le dites pas à mon épouse). Sauce composée de beurre fondu émulsionné *(voir «émulsion»)* par du jaune d'œuf dans une réduction de vin blanc, d'échalottes et de vinaigre.

Béchamel : sauce classique formée par dilution d'un roux avec du lait ou un bouillon.

Beurre : s'obtient par barattage de la crème ; c'est une émulsion composée de petites gouttes d'eau dispersées dans la matière grasse du lait. Pensez à l'éviter, par refroidissement, quand vous remuez une préparation qui contient du lait ou de la crème, tels les appareils pour mousses, mousselines, crème chantilly...

Beurre blanc : sauce délicieuse avec les poissons. C'est une émulsion obtenue par agitation de beurre dans une petite quantité de liquide. On conseille de le commencer en réduisant de la crème.

Beurre manié : beurre mélangé à de la farine, à froid. Ajouté à une sauce trop fluide, il lui donne la viscosité nécessaire. C'est un pis aller, car le goût de farine crue est récusé par les vrais gastronomes.

Biscuit : analogue de la génoise, mais les blancs d'œufs sont montés en neige séparément des jaunes et du sucre.

Braisage : procédé de cuisson très doux qui augmente le goût de la viande. Un braisage classique comporte deux temps : passage d'une viande à four très chaud, afin de «caraméliser» la surface ; puis longue cuisson vers 100 degrés pour attendrir la viande sans l'assécher. L'ajout de viande, de lard et de jambon, autour de la viande que l'on braise, évite la perte de jus, par osmose.

C

Capillarité : l'eau s'introduit par capillarité dans les tout petits espaces, tels les interstices entre les grains d'amidon de la farine.

Caséine : 85 pour cent des protéines du lait sont de la caséine. Les molécules de caséine s'agrègent quand le lait devient acide ou trop salé : le lait caille.

Catalyseur : molécule qui favorise une réaction chimique.

Cellules : les végétaux, les viandes, l'organisme humain sont composés de milliards de cellules, sacs microscopiques renfermant chacun une structure nommée noyau, dans un milieu aqueux complexe, le cytoplasme. Les cellules vivantes sont limitées par une membrane. Les cellules végétales sont, en outre, protégées par une paroi rigide.

Chimie : la plus belle des sciences, celle qui s'intéresse aux molécules quand elles réagissent. Les scientifiques disent souvent de la chimie : «C'est de la cuisine». Quel honneur !

Cholestérol : c'est un lipide. On l'accuse de tous les maux, parce qu'on risque l'infarctus quand le sang en contient beaucoup, mais celui de nos aliments n'est pas la source directe du cholestérol sanguin.

Choucroute : aliment obtenu par fermentation de choux dans une saumure *(voir ce mot)*. Avez-vous déjà tenté le faisan farci sur lit de choucroute fraîche ?

Clarifier : c'est donner limpidité et

transparence à un bouillon, à une sauce, etc.

Coagulation : agrégation de protéines provoquée par un chauffage ou par une acidification, par exemple.

Collagène : les molécules de collagène forment des gaines autour des cellules de muscles, dans la viande. Le collagène est responsable de la dureté des viandes. Sa dégradation, par chauffage en présence d'eau, engendre la gélatine.

Colloïde : dispersion de particules solides dans une solution. Les sauces obtenues par dilution d'un roux dans un liquide, lait ou bouillon, sont des colloïdes.

Concentration : proportion d'une molécule dans un système. Également nom de l'opération qui augmente cette proportion.

Conduction : les molécules, toujours en mouvement, se communiquent leur énergie en se heurtant. Ainsi se propage la chaleur par conduction. Dans un four, par exemple, l'intérieur d'un rôti est chauffé par conduction.

Confiture : gel savoureux *(voir «gel»)* toujours placé sur le rayon supérieur des armoires de cuisine.

Convection : circulation d'un fluide qui apparaît, par exemple, quand on chauffe par le bas : plus légères, les couches inférieures du fluide montent en repoussant les couches supérieures.

Crème : émulsion qui se forme naturellement à la surface du lait, quand les gouttelettes de matière grasse se rassemblent – on dit qu'elles «floculent» – et montent en surface parce qu'elles sont plus légères que l'eau. La crème que l'on achète chez les épiciers ou dans les grandes surfaces a généralement été ensemencée par des micro-organismes qui la stabilisent mais lui donnent une acidité que ne possède pas le produit prélevé à la surface du lait.

Cuivre : métal aux reflets rouges conduisant très bien la chaleur. Fait de superbes casseroles.

Cul de poule : récipient hémisphérique en cuivre où les cuisiniers battent les blancs en neige. Ne sert qu'à cet usage et se nettoie à l'aide d'un chiffon propre imbibé de vinaigre ou de jus de citron.

D

Déglaçage : opération qui consiste à récupérer des molécules odorantes et sapides dans le fond d'une casserole en y ajoutant un liquide, bouillon, jus ou vin.

Dénaturation : changement de conformation des protéines ; autrement dit, la chaîne se replie différemment sur elle-même.

Dépouillement : opération par laquelle on épure une sauce.

Diffusion : mouvement des molécules. Une goutte de colorant déposée dans un verre d'eau se dilue parce que les molécules de colorant diffusent dans l'eau.

Distillation : procédé qui aurait été inventé par le médecin iranien Avicenne, vers l'an mille, et qui dissocie les mélanges par l'évaporation successive des constituants : quand on chauffe du vin, l'alcool éthylique part en vapeur vers 78 degrés, tandis que l'eau ne bout qu'à 100 degrés.

E

Eau : elle est partout dans les aliments. On raconte qu'un œnologue, goûtant des vins les yeux bandés, reçut de l'eau à son insu : «Hum ! Ça n'a pas beaucoup d'odeur ni de goût. Je ne parviens pas à l'identifier, mais je peux vous assurer que ça ne se vendra pas».

Édulcorant : composé à la saveur sucrée.

Empois : gel formé quand de l'eau diffuse dans des grains d'amidon. Pensez à laisser un empois se former quand vous préparez une pâte à tarte ; cela donnera sa cohésion à la pâte.

Émulsion : dispersion de gouttelettes d'un corps gras dans l'eau ou, inversement, d'eau dans un corps gras (la structure dépend des proportions respectives d'eau et de corps gras). La stabilité est augmentée quand les gouttelettes sont recouvertes de molécules «tensio-actives». Une émulsion dont on modifie les proportions peut s'inverser. En cuisine, le résultat d'une telle inversion est généralement catastrophique.

Énergie : j'en manque pour trouver une bonne définition de ce concept important en science.

Enzyme : protéine ayant une action catalytique.

Éthylène : gaz qui intervient dans le mûrissement des fruits. Certains fruits en dégagent plus que d'autres : c'est pour cette raison que des bananes mûrissent rapidement quand on les regroupe dans une coupe avec des oranges.

F

Faisandage : contrairement à ce que beaucoup croient, ce n'est pas une putréfaction, laquelle serait dangereuse pour la santé. Le faisandage est la «venaison» du faisan ; doit s'effectuer sur des bêtes non plumées, suspendues par les plumes de la queue ; dure deux à dix jours, selon les conditions atmosphériques. On raconte que Brillat-Savarin, l'immortel auteur de *La physiologie du goût*, conseiller à la cour de cassation, avait toujours dans ses poches des oiseaux qu'il faisait faisander et qui incommodaient ses collègues.

Farine : produit obtenu par broyage des grains de blé, de seigle, d'avoine, de maïs...

Fermentation : transformation contrôlée d'un aliment par des micro-organismes, levures pour le pain, levures et bactéries pour le vin, bactéries lactiques pour la choucroute.

Floculation : regroupement des gouttelettes initialement dispersées dans une émulsion. La formation de la crème, à la surface du lait, résulte de la floculation des gouttelettes de matière grasse intialement dispersées dans l'eau.

Fond : concentré d'arômes et de gélatine qui s'obtient par passage à four très chaud de viandes ou de poissons, puis par cuisson longue, dans beaucoup d'eau, en présence de carottes et d'oignon.

Friture : opération qui consiste à plonger les aliments dans un corps gras fortement chauffé.

Fructose : sucre dont le squelette est composé de six atomes de carbone.

Gaz : ensemble de molécules faiblement liées entre elles et se déplaçant au hasard dans tout le volume qui leur est offert. Au pluriel, c'est la punition de ceux qui mangent des produits indigestes.

Gel : réseau quasi solide, à trois dimensions, formé quand une solution contient des molécules gélifiantes, c'est-à-dire capables de se lier entre elles et à beaucoup d'eau.

Gélatine : corps à fortes propriétés gélifiantes obtenu par dissociation du collagène. Quand une solution de gélatine refroidit, les molécules de gélatine tendent à se lier entre elles pour former des triples hélices, comme dans le collagène.

Gelée : gel aromatisé.

Gélification : formation d'un gel, généralement par abaissement de la température d'une solution contenant des molécules gélifiantes.

Génoise : la génoise s'obtient en battant longuement un mélange d'œufs (entiers) et de sucre. Monte moins et plus difficilement qu'un biscuit, dont les blancs sont battus séparément.

Glace : pour le physicien, c'est l'eau solide ; pour le cuisinier, c'est la masse gélifiée que l'on obtient en réduisant un fond *(voir ce mot)*.

Gliadines : protéines insolubles de la farine.

Globulines : protéines solubles de la

farine. On les nomme ainsi parce qu'elles sont repliées sur elles-mêmes en globules.

Glucides : nommons-les plus simplement des sucres. Leur ancien nom, hydrates de carbone, avait été donné parce que ces molécules ont une composition globale d'un atome de carbone pour un atome d'oxygène et de deux atomes d'hydrogène. Ils réagissent avec les protéines, à chaud, pour former des molécules colorées ou qui flattent les narines par leur odeur.

Glucose : un sucre dont le squelette est composé de six atomes de carbone. C'est le «carburant» que brûlent les cellules vivantes.

Gluten : les protéines de la farine forment, en présence d'eau, un réseau élastique que l'on nomme gluten. Faites l'expérience de pétrir assez longtemps de la farine et de l'eau, puis de passer la pâte obtenue sous un filet d'eau : il vous restera une masse élastique et insoluble, le gluten.

Gluténines : protéines insolubles de la farine.

Glycérol : c'est la glycérine que vous trouvez en pharmacie. Elle est présente dans les vins, auxquels elle confère douceur et onctuosité.

Gourmand : un goinfre qui se domine.

Gourmet : spécialiste des vins.

Grumeau : la honte des cuisiniers.

H-I

Hollandaise : sauce analogue à la béarnaise, dont elle diffère par la réduction, qui ne contient ni vin ni échalotte.

Hydrogène : le premier des éléments chimiques. Son atome est simplement composé d'un proton entouré d'un électron. Son ion, l'ion hydrogène, est un proton dépouillé de son électron périphérique au détour d'une réaction chimique. En solution, l'ion hydrogène est entouré de plusieurs molécules d'eau ; une solution où il est abondant est acide.

Hydrophile : se dit d'une molécule qui se dissout dans l'eau.

Hydrophobe : se dit d'une molécule qui ne se dissout pas dans l'eau.

Ion : atome ayant gagné ou perdu des électrons. Dans de l'eau, les ions s'entourent de molécules d'eau.

L

Lécithine : molécule tensio-active que l'on trouve notamment dans le jaune d'œuf.

Levure : micro-organisme.

Levures chimiques : ce ne sont pas des micro-organismes, contrairement aux levures, mais des mélanges de composés chimiques susceptibles de dégager un gaz (souvent le gaz carbonique), qui fait lever les préparations alimentaires. Elles sont également nommées poudres levantes.

Liaison : opération destinée à augmenter la viscosité d'un jus.

Liaison hydrogène : liaison faible entre un atome d'hydrogène et un atome voisin, donneur d'électrons (un atome d'oxygène, par exemple) dans la même molécule ou dans une autre molécule.

Lipide : du grec *lipos*, graisse. Ces molécules sont définies par leur insolubilité dans l'eau. Les aliments en contiennent des types très variés.

Liquide : ensemble de molécules formant un tout moins cohérent qu'un solide mais plus cohérent qu'un gaz. Un ordre moléculaire règne à courte distance de chaque molécule.

M-N

Maltase : enzyme qui décompose le sucre nommé maltose.

Margarine : substance grasse et molle fabriquée à partir de plusieurs substances souvent végétales. Les gastronomes lui reprochent souvent de ne pas avoir le parfum subtil de nos meilleurs beurres.

Mayonnaise : c'est une émulsion, ou dispersion de gouttelettes d'huile dans de l'eau, celle-ci ayant été apportée par le jaune d'œuf et, éventuellement, par du vinaigre, par de la moutarde ou par du jus de citron.

Meringue : mousse solidifiée obtenue par cuisson de blancs battus en neige auxquels on a ajouté du sucre. Les meringues doivent être cuites à four très doux.

Micelle : sphères formée par des molécules tensio-actives ; dans l'eau, par exemple, les queues hydrophobes des molécules tensio-actives se regroupent, et les têtes hydrophiles se placent en périphérie, au contact de l'eau.

Micro-onde : ondes du même type que la lumière mais de longueur d'onde différente. Les micro-ondes sont composées d'un champ électrique et d'un champ magnétique ; elles provoquent l'alignement des molécules comme l'eau, où la répartition des électrons n'est pas uniforme. Ainsi alignées dans un sens puis dans l'autre au rythme très rapide des micro-ondes, les molécules d'eau s'agitent, puis agitent les molécules qui les entourent. Ce mouvement de molécules correspond à une augmentation de température.

Molécule : assemblage d'atomes liés par des liaisons chimiques. Les molécules sont formées et transformées par les réactions chimiques. Elles ne sont pas modifiées lors des transformations physiques de la matière.

Mousse : dispersion de bulles d'air dans une solution ou dans un solide. Le blanc d'œuf battu en neige est une mousse liquide. La meringue est une mousse solide.

Mouvette : cuillère de bois.

Myoglobine : une des protéines responsables de la couleur des viandes.

Myosine : une des principales protéines du muscle, qui assure la contraction musculaire. Lors de la cuisson de la viande, la myosine coagule.

Nitrate : sel dont un des ions est l'ion nitrate, composé d'un atome d'azote et de trois atomes d'oxygène. Utilisé en salaison.

Nitrite : sel dont un des ions est l'ion nitrite, composé d'un atome d'azote et de deux atomes d'oxygène. Également utilisé en salaison.

Œuf : composé de deux parties principales, le jaune et le blanc. Le jaune est composé pour moitié d'eau et pour moitié de protéines et d'autres molécules tensio-actives, telles les lécithines. Le blanc est une solution de protéines dans l'eau.

Oligosaccharide : molécule composée de quelques monosaccharides. Autrement dit, petit sucre composé de quelques sucres élémentaires.

Osmazôme : selon Brillat-Savarin, c'était *La* molécule odorante des viandes. Les insuffisances de la chimie analytique du 19e siècle ont fourvoyé le grand gastronome : le goût des viandes résulte de la présence de très nombreuses molécules. Comme l'a dit Valéry : «tout ce qui est simple est faux».

Osmose : phénomène qui résulte de la diffusion des molécules. Un système composé de plusieurs sortes de molécules est en équilibre quand la concentration de chaque type de molécule est identique dans toutes les parties du système. Si l'on dispose un cristal de sel à la surface d'une cellule, les molécules d'eau sortent de la cellule pour que leur concentration soit égale dans la cellule et dans le cristal de sel.

Ovalbumine : une des protéines du blanc d'œuf.

Oxygène : c'est le gaz que nos globules rouges transportent des poumons jusqu'à toutes nos cellules. Un atome d'oxygène est lié à deux atomes d'hydrogène dans la molécule d'eau.

P

Papaïne : une des protéines présentes dans le jus de papaye frais. Réagit avec les protéines en les décomposant.

Papilles : groupes de cellules de la langue et de la bouche qui possèdent des récepteurs des molécules sapides.

Pasteurisation : chauffage rapide des aliments, dans le dessein de détruire les micro-organismes qui les gâteraient.

Pâte feuilletée : obtenue par six pliages successifs d'une pâte en trois. On obtient 729 feuillets séparés par du beurre.

Pectine : polymère présent dans la paroi des cellules végétales. Forme le gel des confitures.

pH : unité de mesure de l'acidité.

Phénol : molécule organique contenant un cycle aromatique à six atomes de carbone, dont un est notamment lié à un groupe alcool OH.

Phospholipide : lipide dont une extrémité comporte un groupe phosphate, hydrophile. Les phospholipides, avec cette partie hydrophile et leur partie lipidique, hydrophobe, sont des tensio-actifs.

Physique : science de la matière en général. Avec la chimie, elle devrait aider les cuisinières et les cuisiniers.

Piano : celui des Chefs est formé par les fourneaux et les plans de travail.

Polymère : longue molécule formée par l'enchaînement, linéaire ou ramifié, de sous-unités, les monomères. Imaginez une chaîne : ses maillons seraient les monomères.

Pont disulfure : liaison entre deux atomes de soufre. Ils s'exercent notamment entre les acides aminés nommés cystéine.

Protéine : chaîne dont les maillons sont les acides aminés. Ces molécule souples se replient, dans les végétaux et les orga-nismes animaux, selon des conforma-tions spécifiques. La chaleur, en acrois-sant les mouvements des atomes et des diverses parties des molécules, détruit la conformation naturelle, «native», des protéines. On dit alors que les protéines sont dénaturées.

R

Réaction chimique : plusieurs molé-cules qui se rencontrent peuvent échan-ger des atomes et se réarranger.

Réduction : par chauffage, on évapore le liquide en excès d'un plat, d'une sauce, d'une garniture... La réduction est fondamentale en cuisine : non seulement elle donne à la préparation sa viscosité définitive, mais, souvent, elle préside à l'élaboration des arômes. C'est le mariage de la physique et de la chimie, le summum de l'alchimie culinaire.

Réaction de Maillard : réaction chi-mique fondamentale en cuisine, puisqu'elle s'effectue entre les sucres et les protéines, omniprésents ; engendre des composés aux propriétés odorantes et colorées, tels ceux de la croûte du pain, de la bière, du croustillant des viandes...

Roux : préparation pâteuse obtenue par cuisson de farine ou d'amidon dans un corps gras. Dilué, il épaissit la solution aqueuse qui lui est ajoutée parce qu'il apporte des granules d'amidon qui gon-flent et libère d'encombrantes molécules d'amylose et d'amylopectine.

S

Sabayon : dessert délicieux obtenu par mélange d'œuf (surtout des jaunes) et de sucre, puis d'un liquide alcoolisé. La cuisson, après addition d'une pincée de farine, provoque son épaississement.

Saccharose : c'est le sucre de table, également nommé sucrose, un disaccha-ride composé de glucose et de fructose.

Salpêtre : nitrate de potassium. C'est un explosif, mais il est bien utile en salaison.

Saumure : solution contenant plus de sel qu'elle ne peut en dissoudre. On l'utilise en cuisine pour extraire, par osmose *(voir ce mot)*, l'eau des cellules animales et végétales, et éviter ainsi la prolifération des micro-organismes.

Sel : je plains ceux qui en sont privés. Le sel de cuisine est le chlorure de sodium, composé, quand il est solide, d'un réseau où alternent les ions chlorure et les ions sodium. Les chimistes nomment également sels, les corps obtenus par réaction d'un acide et d'une base (le sel de cuisine peut s'obtenir par réaction d'acide chlorhydrique et de soude).

Solide : ensemble de molécules très proches les unes des autres et immobilisées par les forces intermoléculaires.

Solvant : liquide que l'on utilise pour dissoudre des molécules. Les lipides sont de bons solvants des molécules odorantes que sont les terpènes. L'eau est le principal solvant des aliments.

Soufflé : n'a qu'un défaut : il retombe.

Sucre : il s'agit de cristaux d'une molécule nommée sucrose ou saccharose. Le sucre déposé à la surface d'un fruit ou d'une viande en extrait l'eau par le phénomène d'osmose ; «sucre» est également un synonyme de glucide.

Sucrose : voir *saccharose*.

Sulfure d'hydrogène : molécule nauséabonde composée d'un atome de soufre et de deux atomes d'hydrogène. Il s'en dégage quand on cuit trop des œufs durs.

T

Tannin : leur astringence est dûe à la propriété des tannins de se lier aux protéines lubrifiantes de la salive et d'en bloquer les fonctions.

Température : valeur indiquée par le thermomètre, lequel ne devrait pas quitter la cuisine tant son emploi améliore les préparations. Plus la température d'un corps est élevée, plus les molécules de ce corps sont agitées de mouvement rapides et désordonnés.

Tendreté : se dit de la viande ; ce n'est pas de la tendresse mais ça y ressemble.

Tensio-actif : molécule composée d'une partie qui se dissout facilement dans l'eau, et d'une partie qui se trouve mieux dans les corps gras, telle l'huile. Une telle molécule peut stabiliser de petites gouttes d'huile dans l'eau, en venant se placer à la surface de ces gouttelettes, la queue hydrophobe dans l'huile, et la tête hydrophile dans l'eau. Inversement les molécules tensio-actives peuvent disperser des gouttes d'eau dans de l'huile en se plaçant tête dans les gouttelettes d'eau, et queue dans la phase continue d'huile.

Terpène : molécules odorantes.

V

Vanilline : molécule principalement responsable de l'arôme de la vanille. On trouve exactement la même molécule, avec exactement les mêmes atomes aux mêmes positions, dans les gousses de vanille et dans les tubes à essais des chimistes, mais celle que l'on synthétise coûte bien moins cher.

Viande : masse musculaire, composée de cellules allongées, les fibres musculaires, qui atteignent parfois 20 centimètres de long. Chaque fibre est enrobée d'une gaine de collagène, et les fibres gainées sont réunies en faisceaux par d'autres gaines de collagène.

Vinaigrette : émulsion assez peu stable d'huile dans eau. Il lui manque les molécules tensio-actives du jaune d'œuf pour en faire une mayonnaise.

Viscosité : un fluide est visqueux s'il s'écoule difficilement. Certains corps, telle la béarnaise, ont une viscosité qui dépend de leur vitesse d'écoulement : très visqueuse quand elle est immobile, la béarnaise devient d'une angélique fluidité quand elle passe en bouche. J'en salive rien que d'y penser.

index

Imprimé en France par Mame Imprimeurs à Tours – n° 35080
N° d'édition : 1585-07 - Dépôt légal : août 1995